王莉／著

教育经典
适用
5~6岁

奇妙的5岁孩子

安静而内敛的阶段，
培养孩子自主性的最佳时期

朝華出版社
BLOSSOM PRESS

图书在版编目（CIP）数据

奇妙的5岁孩子 / 王莉著. -- 北京：朝华出版社，2019.4
ISBN 978-7-5054-4455-3

Ⅰ.①奇… Ⅱ.①王… Ⅲ.①儿童教育—家庭教育 Ⅳ.①G781

中国版本图书馆CIP数据核字（2018）第302593号

奇妙的5岁孩子

作　　者	王　莉
选题策划	王　剑
责任编辑	刘小磊
责任印制	张文东　陆竞赢
封面设计	异一设计

出版发行	朝华出版社		
社　　址	北京市西城区百万庄大街24号	邮政编码	100037
订购电话	（010）68996618　68996050		
传　　真	（010）88415258（发行部）		
联系版权	j-yn@163.com		
网　　址	http://zhcb.cipg.org.cn		
印　　刷	三河市三佳印刷装订有限公司		
经　　销	全国新华书店		
开　　本	710mm×1000mm　1/16	字　数	180千字
印　　张	14		
版　　次	2019年4月第1版　2019年4月第1次印刷		
装　　别	平		
书　　号	ISBN 978-7-5054-4455-3		
定　　价	32.00元		

版权所有　翻印必究·印装有误　负责调换

前 言

当你的孩子就要迎接他的第五个生日时，你是否能预料到即将到来的这一年会遭遇到哪些"成长的烦恼"？

也许某个过来人会告诉你那将是"轻松又美好"的一年——孩子大了，会体贴人了。你疲惫的时候，他能为你捶背；你过生日的时候，他能为你亲手做一个礼物。

但另一个过来人可能会告诉你那将是"忙碌又糟糕"的一年——孩子会在你意料不到的时候大发脾气；会把家里的玩具、闹钟、遥控器拆个乱七八糟；会在打碎了玻璃杯之后矢口否认；会偷拿了别人的东西，还镇定地告诉你是别人送他的礼物……

你可能会诧异为什么一样的5岁孩子会有如此大的差异，也可能会坚信："不，我的孩子不会那么麻烦，我十分了解。"

作为父母，我们可能会认为没有人比我们更了解自己的孩子，但事实上，这只是一种虚无而盲目的自信。

一个亲自照料孩子的父母可能对自己孩子的脾气秉性了如指掌，甚至能正确预料出在某些场合某些情况下，孩子会做出什么反应，但这未必等于真正的了解，因为父母可能并不知道孩子为什么会做出这样的反应，也不知道孩子做出这样的反应时，应该用什么方式去应对。

举个例子，一个妈妈可以预判自己的 2 岁孩子在看到别的孩子的新玩具时，一定会去抢，事实上，孩子也一贯如此。但她不知道孩子为什么一定要抢别人的玩具，并且不知道自己要怎样做才能阻止孩子的这种行为。

这不是某一个父母的情况，而是大部分父母的情况，因为我们并没有真正地懂得孩子。所以，一位资深儿童教育工作者说："教育是一门科学，不能仅凭经验。只有当父母知道什么是'正常'，才能真正理解孩子的行为，也才能给予正确的指导。"

从父母的角度来说，我们没有时间和精力，也没有意愿去研究那些枯燥、生涩、复杂的关于儿童发展心理学的学术著作，但我们也渴望了解科研工作者们经过严谨、科学的实验得来的数据和结论，渴望用科学来指导我们的教养行动。

本书就是力图将科研工作者们获得的关于 5 岁孩子的成长真相，用通俗易懂的语言传递给广大的 5 岁孩子父母以及未来是 5 岁孩子父母的人。

这本书以"读懂你的 5 岁孩子"为基础，以"帮助你的 5 岁孩子获得更好发展"为宗旨，围绕 5 岁孩子的年龄特征、身体与运动发展、认知发展、情感与社会性发展这四个大的方面，详细描绘了健康、正常的 5 岁孩子的身体与心理的全貌。还从管教方式与关键帮助这两个角度详细讨论了怎样做一个称职的 5 岁孩子的父母。针对幼小衔接这一特殊时期，本书还专门用一章来分析幼小衔接的本质和误区，希望能缓解广大父母在此阶段的焦虑。为帮助家长全面打造健康的家庭教育生态环境，我们专门介绍了家庭文化与家庭美育的一些观点。最后针对久久盘踞在父母心头，不吐不快的孩子们的一些"顽疾"，我们试图给出可行的"药方"，无论你是否"抓药"，对其背后的"病理分析"，都不妨了解一下。

衷心希望每一个父母都能守护好孩子幼年的最后一季，祝福每个家庭都能快乐常在，与幸福同行。

目 录

第一章　奇妙的 5 岁孩子

> 5 岁孩子有着截然不同的两副面孔：一面积极阳光，一面阴晴不定。为什么会这样呢？这里面隐藏着怎样的成长规律？其实，孩子的每一个阶段都有不同的特点和需求，父母如果提早了解这些规律，就能更好地走进他们的心。

1. 积极阳光的 5 岁孩子：活泼可爱，充满正能量 / 002

    聪明可爱兴趣广 / 002

    自己的事情自己做 / 004

    甜言蜜语招数多 / 005

2. 阴晴不定的 5 岁孩子：行为多变，情绪易摆动 / 007

    小毛病回来了？ / 007

    手脚变笨了，眼变拙了？ / 008

    脾气变坏了？ / 008

3. 认清孩子的成长规律：螺旋式成长，求同存异 / 009

螺旋状成长规律 / 009

个体差异 / 011

普遍规律的意义 / 011

4. 做合格父母的基本原则 / 012

不焦虑——坦然面对孩子的问题 / 013

不纠结——欣然接纳孩子的天生气质类型 / 015

不着急——对孩子的成长提出合理预期 / 016

第二章 5岁孩子的变化：身体、运动能力和社会性的发展

> 5岁之后的孩子，尽管身高和体重的增长速度开始放慢，但他们的肌肉和骨骼却日渐强壮，身体愈发挺直，身体比例也更加完美。那么，在这一阶段，孩子的身体将如何发育，运动能力将如何发展，他的社会性发展又会给家长带来哪些出人意料的惊喜呢？

1. 身体匀称，日渐强壮 / 018

   身体发育 / 018

   牙齿发育 / 019

   视觉发育 / 019

2. 灵活敏捷，活力无限 / 020

   灵活敏捷又有力 / 020

   精细动作和自理能力的发展 / 021

   运动让大脑更聪明 / 022

3. 社会性更加突显 / 023

亲社会行为增多 / 023

攻击性行为减少 / 024

4. 性启蒙更深入 / 024

更关注生活中的男女差别 / 024

性教育的重要时期 / 025

"性趣"降低 / 026

更依恋异性父母 / 027

5. 规则意识增强，有了集体荣誉感 / 027

有明确的是非观念 / 027

在游戏中学习规则 / 028

孩子需要守规则的环境 / 029

帮助孩子找到归属感 / 029

第三章　与 5 岁孩子相处的技巧

> 　　5 岁的孩子，时而温顺体贴，时而开朗愉悦，时而安静内敛，时而固执己见……面对孩子的这些令人捉摸不透的成长表现，作为父母，如果掌握了一些与 5 岁孩子共处的技巧，并给予孩子积极的引导，就可以轻松地养育出乖巧、聪明的孩子。

1. 不同角色的相处 / 032

母亲和女儿 / 032

父亲和女儿 / 033

母亲和儿子 / 033

父亲和儿子 / 034

2. 5岁孩子既独立又依赖 / 035

　　不喜欢被指挥 / 035

　　意见和想法越来越多 / 036

　　害怕被冷落 / 036

3. 捕捉5岁孩子好的行为 / 037

　　数一数你的孩子有多少优点 / 037

　　及时表扬孩子的好行为 / 038

　　帮助孩子发现他有多"厉害" / 039

4. 家长这样说，孩子才会听 / 040

　　"我其实也有这个感觉" / 040

　　"怎样你会觉得高兴" / 041

　　"有妈妈陪着你呢" / 042

5. 物质满足不能代替精神关爱 / 043

　　给予孩子的物质满足要适度 / 043

　　一味给予不利于孩子独立 / 044

6. 父母应如何尊重孩子 / 045

　　尊重孩子不分享的权利 / 046

　　尊重孩子犯错误的权利 / 046

　　尊重孩子的负面情绪 / 047

　　尊重孩子的节奏 / 047

7. 陪伴是对孩子最好的爱 / 049

　　舍得时间才是爱 / 049

　　拒绝"假装陪伴" / 050

　　给孩子高质量的陪伴 / 051

第四章　5 岁孩子认知的特点

> 5 岁孩子对外部世界充满了探究的渴望，喜欢研究事物之间的联系、现象背后的规律等。与此同时，逻辑思维的发展，为他们之后的语言、阅读、数字概念、时空理解、科学探索等能力的发展奠定了良好的基础，更为系统学习文化知识做好了准备。

1. 逻辑思维萌芽 / 054

    抽象逻辑思维萌芽 / 054

    以具体形象思维为主 / 055

    "十万个为什么" / 055

2. 语言能力突飞猛进 / 056

    词汇量大增 / 056

    语言呈现连贯性 / 057

    语言理解能力增强 / 057

    话极多，表达欲极强 / 058

    语言发展的个体差异 / 059

3. 阅读兴趣浓厚 / 060

    符号敏感期持续 / 060

    阅读兴趣浓厚 / 061

    男孩女孩不一样 / 062

4. 数理能力有所发展 / 063

    对数字的兴趣大大提升 / 063

    对时间和空间的感知 / 064

    对形状、量的守恒的理解 / 065

5. 科学兴趣明显加强 / 066

"不干正经事" / 066

科学并不遥远 / 067

如何培养5岁孩子对科学的兴趣 / 067

6. 艺术能力全面发展 / 068

绘画能力 / 068

音乐能力 / 069

手工能力 / 070

第五章　5岁孩子的管教方式

> 在养育5岁孩子的日子里，父母总会遇到一些意想不到的麻烦或是棘手的问题，应该怎么解决呢？是喋喋不休的说教，还是大吼大叫的命令？其实，每一个孩子都是美好而与众不同的个体。父母只有真正理解孩子的行为，才能给予他们正确的引导，才能享受到一段幸福的亲子时光。

1. 爱需要正确表达 / 072

积极关注孩子很重要 / 072

爱不能讨价还价 / 074

爱是无条件的 / 075

2. 透过现象看本质 / 077

孩子为什么撒谎 / 077

孩子为什么发脾气 / 082

孩子为什么坐不住 / 086

3. 不正确的三种管教方式 / 090

　　物质奖励 / 090

　　惩罚 / 093

　　冷处理 / 096

4. 教养游戏化 / 098

第六章　5岁孩子关键期的关键帮助

> 著名教育家蒙台梭利经过研究和观察发现，孩子达到某一个阶段会对某些事物特别有兴趣，会不停地去做，被称作儿童敏感期。在敏感期中的孩子自然而然地会对感兴趣的事情执着。父母们要抓住5岁关键期，帮助孩子提升各方面的能力。

1. 培养受益一生的专注力 / 104

　　专注力是一个时间期内集中反映某些心理活动的能力 / 104

　　一些锻炼孩子专注力的游戏 / 105

2. 满足孩子好动的需求 / 107

　　5岁孩子成长的过程中，顺应天性发展很重要 / 107

　　一些简单的活动，帮孩子释放过盛的精力 / 108

3. 与孩子一起爱上阅读 / 109

　　阅读是5岁孩子学习成功的一个重要条件 / 109

　　如何培养5岁孩子的阅读兴趣 / 110

4. 陪孩子一起到户外运动 / 112

户外运动让孩子更聪明 / 112

户外活动让孩子拥有乐观坚强的个性 / 113

户外活动能助力孩子规律作息 / 113

活动满足孩子探索的需求 / 114

提高孩子的社会化发展 / 114

如何让不喜欢运动的孩子爱上运动 / 114

5. 培养孩子的创造性和判断力 / 115

5岁孩子学会独立思考和独立判断很重要 / 115

通过一些方法把孩子的思考能力还给他们 / 116

6. 启发并保护孩子的想象力 / 118

想象力对5岁孩子来说意味着什么 / 118

好奇心强的孩子一般创造性也比较强 / 119

第七章　5岁孩子的自立能力培养

> 当孩子5岁的时候，他也逐渐要求独自做一些事情，绑鞋带、洗澡、铺床、摆放餐具等等。看着孩子逐渐变得独立，家长心里苦乐参半，一方面学会照顾自己是个人以及社会发展的重要部分，另一方面孩子不再需要家长则会让家长觉得有些难过。

1. 5岁孩子的自理能力相当棒 / 122

独立吃饭 / 122

自觉睡觉 / 124

大小便自理 / 125

卫生习惯 / 127

会穿衣服但不肯穿 / 127

2. 利用做家务培养 5 岁孩子的自立能力 / 128

家务活儿不是低端工作 / 128

做家务的好处 / 131

5 岁孩子的家务清单 / 133

如何引导孩子做家务 / 134

第八章　5 岁后的幼小衔接是一道坎儿

> 幼小衔接是让孩子从幼儿园顺利过渡到小学的一个过程。我们不能单纯地把这个过程看成学习知识、择校、上培训班，而是需要从多个方面去入手准备。家长只有认识到这些准备的重要性，才能采取有针对性的措施，帮助孩子顺利适应小学生活。

1. 幼小衔接的三个误区 / 140

幼小衔接就是要提前学知识 / 140

幼小衔接只是孩子的事 / 141

幼小衔接就是暑假突击训练 / 143

2. "知识抢跑"的弊端 / 144

影响孩子正常发展 / 144

压力大导致厌学 / 146

上课容易分神 / 146

跌倒在三年级上 / 147

3. 要不要上学前班 / 148

    为什么不上学前班 / 148

    为什么要上学前班 / 150

    决定你做出选择的三个因素 / 152

4. 幼小衔接到底衔接什么 / 153

    树立任务意识 / 153

    培养规则意识 / 154

    加强生活自理能力 / 155

    培养交往意识和能力 / 156

    培养学习内驱力 / 157

    培养良好的学习习惯 / 159

第九章　家风对 5 岁孩子的重要性

> 一个人的习惯就是一个人的规矩。孩子的习惯就是家庭的规矩。如果家庭没有及时定下正确的规矩，孩子就会按照自己的规矩来。家风作为一种无言的教育、无声的力量，全方位地影响着孩子的方方面面。可以说，有什么样的家风，就会有什么样的孩子。

1. 好家风引领孩子健康成长 / 162

    家规的力量 / 162

    节日的仪式感增加家庭的凝聚力 / 166

    良好的语言氛围 / 168

2. 美育在家也要做 / 171

浸泡在充满艺术感的家中 / 171

重新认识儿童艺术创作 / 173

逛美术馆和逛街一样平常 / 174

第十章 5岁孩子，爸爸妈妈最关心的16个问题

> 在同一阶段，孩子会表现出一定的规律和特点。一些成长的难题也是具有普遍性。这些难题令父母们感觉到非常为难，总是觉得无解，究竟该从哪里下手解决这些难题呢？一些具体可行的小办法教给父母，希望能够有所帮助。

1. 孩子坐不住，是不是有多动症 / 178

2. 孩子挑食、不爱吃饭，怎么办 / 179

3. 孩子不爱运动，怎么办 / 182

4. 孩子5岁了，要不要分床睡 / 184

5. 我可以教孩子学做饭吗 / 185

6. 儿子在公共场合捣乱，怎么办 / 187

7. 如何给孩子讲故事 / 188

8. 如何减少电视对孩子的吸引 / 190

9. 孩子爱说脏话，怎么办 / 191

10. 孩子总吃手，怎么办 / 192

11. 怎样说话孩子能接受 / 194

12. 老师忘记给孩子奖励了，怎么办 / 196

13. 孩子应该和大孩子玩，还是和小孩子玩 / 199

14. 为了孩子，我们到底该不该离婚呢 / 200

15. 孩子做事拖拉，怎么办 / 202

16. 孩子偷东西，怎么办 / 206

第一章

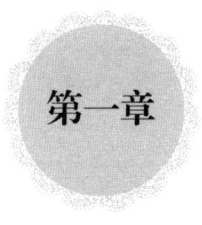

奇妙的
5岁孩子

5岁孩子有着截然不同的两副面孔：一面积极阳光，一面阴晴不定。为什么会这样呢？这里面隐藏着怎样的成长规律？其实，孩子的每一个阶段都有不同的特点和需求，父母如果提早了解这些规律，就能更好地走进他们的心。

1. 积极阳光的5岁孩子：活泼可爱，充满正能量

聪明可爱兴趣广

5岁是幼儿期的最后一年，这一年，孩子将会给父母带来更加"讨人喜爱"的感受。是的，在这一年的上半年里，5岁孩子真的非常讨人喜爱，他们浑身充满了正能量，身体就像安装了一个不用充电的小马达，永远都是精力充沛、蹦蹦跳跳的，而情绪、情感与心智的发展，更让他们像小太阳一样温暖地照耀着身边的每一个人。

我们都知道，符号敏感期在大部分孩子4岁多时就已经开始出现，5岁之后，符号敏感期会继续延续，孩子对文字、字母、数字的兴趣更加强烈。走在路上，他们热衷于观察商铺的招牌、路边的指示牌、墙上的标语以及广告等。一旦遇到不认识的字，他们就会表现得十分好奇，并急切地询问父母"这个字读什么，它是什么意思"，甚至还会发现不同词语中包含相同汉字的情况，并热衷去寻找和发现更多的文字秘密。

现如今很多家长都非常注重培养孩子的阅读能力，可是在孩子两三岁时，他们的阅读往往以大人读给他听为主，甚至有些孩子到4岁时都没有主动阅读的表现。但是5岁时，你会发现本来对阅读没什么兴趣的孩子开始喜欢翻书了，尤其是他自己喜欢的书。有时，他们还会主动跟大人分享自己刚刚看过的书，或是根据书上的插画自己来编故事，甚至有些孩子在

读过一本书之后，能够自己模仿故事中的情节或某些元素，创造一个以自己和生活中的朋友为主角的新故事。有些阅读能力更强的孩子，5岁时已经可以开始真正自主阅读了。当孩子能够自己拿着书本安静地阅读，而不再缠着父母时，父母便可以腾出时间去做家务或其他自己想做的事情，家中一派祥和的气氛。这样的画面，想想都会让人"喜极而泣"是不是？不过，在这里仍然要提醒父母们，即使孩子能够做到自主阅读，也不要从此就放弃亲子阅读。从增强亲子关系，发展孩子阅读兴趣的角度来说，亲子阅读仍具有重要地位，不是自主阅读能够轻易取代的。

5岁孩子不但喜欢阅读，还喜欢写写画画。虽然还不会写字，但他们总是竭力写一些简单的字出来，甚至喜欢自己创造"文字"。还有一些孩子痴迷绘画，总是不知疲倦地在绘画本、小黑板上画出各种大人看得懂或看不懂的奇思妙想。写写画画对孩子创造力的发展作用之大是毫无疑问的，作为家长，我们所要做的事情就是尽量提供条件，让他们尽情地写、尽情地画。

随着逻辑思维能力的发展，5岁孩子对数字、数学概念的理解大大增强，让家长时不时地产生"我的孩子真是太聪明了"的自豪感。5岁孩子对数字产生更强烈的兴趣，他们喜欢数数，以自己能数到1000、10000为骄傲。5岁孩子对"加"和"减"的兴趣很高，他们喜欢出题"考"别人，经常问父母"3加5等于多少""2加6等于多少"等。5岁孩子对粗细、大小、长短、高矮等物体的量有了更为精细的感知，他们不再单纯地问你某物体"大不大""高不高"，而是知道物体的这些特性是相对而言的。当你问他某物大不大时，他会认真地回答你"虽然和××比大，但是和××比还是很小"。5岁孩子还喜欢玩形状、空间搭建方面的游戏，比如给"桥梁""道路"选择形状合适的材料之类的游戏，这也证明他们的逻辑思维能力有了很大的发展。

5岁孩子对时间的理解能力也在逐渐增强，他们不仅知道一天分上午、下午、晚上,理解"昨天、今天、明天",还知道一年分四季,一个星期有七天以及每一天的名称。虽然有些4岁孩子也知道这些概念,但5岁孩子的理解显然是不一样的,他们知道昨天在今天的前面,而明天在今天的后面,知道春夏秋冬必须按顺序到来,知道一周七天是循环的,周日后到来的又是周一。相比之下,三四岁孩子对时间的理解就没有这么精准,他们可能会说周六之后是周七,周七之后是周八……

在艺术感受方面,5岁孩子更是淋漓尽致地体现了他们天生就是艺术家的本质。比如,5岁孩子会觉得月亮像又薄又脆的饼干,咬起来嘎巴嘎巴响。对于艺术作品,他们往往能通过自己的眼睛发现其中的乐趣和美感,表达自己的喜欢或不喜欢,而他们的观点更是经常让大人耳目一新。另外,5岁孩子对音乐、戏剧等产生了强烈的兴趣。他们的歌唱与舞蹈能力要大大强于4岁孩子,而他们对戏剧的热爱也很浓厚。当幼儿园安排表演童话故事舞台剧时,即使他们只是表演一个很小的角色,也会非常兴奋和认真,并且大多数都能出色地完成。

自己的事情自己做

5岁孩子早上起来穿衣服,然后独自去卫生间挤牙膏、刷牙、洗脸,到衣帽间穿外套、背上书包等一系列事情都可以独立完成,你只需提醒他注意时间就好。如果父母有意识地培养孩子做一些家务劳动,他们还能成为家长的小助手。例如,吃饭前会帮大人做一些准备工作,像摆放碗筷、擦桌子;玩完玩具,懂得收拾整理好自己的物品;能够帮助大人喂养宠物、给花浇水;等等。事实上,很多时候孩子做这些事情已经不再需要大人手把手地帮助。虽然不一定能做得非常完美,但确实让父母省心省力不少。

日本福冈有一位得了癌症的妈妈,她为了孩子日后拥有独立生存的能力,在女儿阿花4岁时就开始教她做饭。一年多以后,这位妈妈不幸去世。

这时，年仅5岁多的阿花就已经可以独自做一些日常料理了。阿花每天早上起床除了自己洗脸、刷牙、叠被子、整理床铺之外，还会给爸爸做一份早餐。本来失去爱妻的爸爸在沉痛的悲伤中已经不知如何生活，却在女儿的感化下重新拾起了生活的勇气。阿花也不再哭泣，母亲的爱化作阿花生存的本领，她每天都会自己做家务、做饭、照顾爸爸、照顾狗狗，乐观坚强地面对生活。

这个事件虽然让人悲伤、叹息，却也让人赞叹，给人希望。我们的孩子当然应该有爸爸妈妈的陪伴与呵护，但独立做事既是他们的能力，也是他们的权利。如果你的5岁孩子还要依赖父母穿衣吃饭，不愿意伸手帮忙做家务，那你不要埋怨孩子懒惰或不懂事，而是要好好反思一下自己是不是做错了什么。

甜言蜜语招数多

很多妈妈都发现自己的5岁宝贝嘴变得更甜了，他们能说会道，词汇丰富，甚至语出惊人，常常让大人也不得不叹服他们语言能力发展之迅猛。

一个5岁孩子跟随爸爸妈妈回老家看望爷爷奶奶，在饭桌上，孩子会主动地帮爷爷奶奶夹鱼虾，还天真地对爷爷奶奶说："爷爷奶奶，你们吃这个，吃了它就不老了。"临别时，孩子会跑到爷爷奶奶身边，一边说"再见"，一边还拉着老人的手，说："爷爷奶奶再见！我会常来看你们的。"长辈听了这些话，自然是笑得合不拢嘴。

5岁孩子之所以能说出这样的话，不仅是因为他们的语言表达能力在这一年大大提高，更是因为他们的情绪、情感得到了很大的发展。很多孩子在1~2岁的时候能理解他人某个情绪反应，尤其是身边最亲近的人。比如，当孩子看到父母开心地对自己笑时，他们自己也会笑；看到别的小朋友难过地流泪，他们也会不愉快。到了5岁的时候，他们能较深入地理解和体会他人的心情与情绪，并推测他人内心的想法。因此，他们懂得使用"甜言蜜语"让对方开心，这是他们的交往技巧之一。

5岁孩子的交往能力明显比之前增强许多，他们会通过一些交往技巧来融入新的群体，或是寻找多种途径来获得想要的结果。比如上面说的"甜言蜜语"，这种甜言蜜语不能理解为成人社会中的虚伪世故，而是孩子交往能力发展的体现，具有积极正面的意义，这种能力可以帮助孩子融入他人、融入集体。

不仅如此，当5岁孩子与小伙伴因为意见不合、观念不同而闹不愉快或是吵架时，他们也能尝试着处理彼此之间的矛盾。在冲突面前，他们懂得用等待、分享、合作等方式来处理问题。因此，5岁孩子之间的交往越来越接近真正的交往，而不像3岁或4岁孩子的交往，嘴上说着"和小朋友一起玩"，实际还是各玩各的。

在一个小区里，很多2—4岁的孩子都喜欢跟着一个叫月月的5岁小女孩玩，因为她会特别热情地带领小弟弟、小妹妹玩捉迷藏、丢手绢；会告诉小朋友这样做是不对的，那样做是危险的；会安慰哭泣的小朋友；会分享自己的玩具。虽然有时月月也会犯一些错误，毕竟她才5岁，但是这丝毫不影响她获得那些年龄小一点的孩子和其家长的信任。那些小孩子一出门就会问："月月姐姐来了吗？"家长马上就带着他们四处寻找，看看月月是不是来了。其实，大多数5岁的小朋友都能做得和月月同样友善、热情，因为5岁孩子就是这样讨人喜爱。

2. 阴晴不定的 5 岁孩子：行为多变，情绪易摆动

不知道你是否注意到，在上一篇中，我们讨论"讨人喜爱"的 5 岁孩子时，用了一个时间状语——"在这一年的上半年里"，是的，活泼可爱，充满正能量，那是在上半年。当时间进入 5 岁半之后，情况就没那么乐观了。5 岁半的孩子开始像小刺猬一样长出了刺儿，父母们在拥抱宝贝时，可能一不小心就会被刺到。这些小刺儿是为了防卫，还是为了攻击？让我们仔细看一看。

小毛病回来了？

一个 5 岁孩子的妈妈发现，孩子最近开始变得爱咬衣服，手里拿着什么东西也会有意无意地放进嘴里，铅笔、橡皮、被子、枕头……可是之前没有这些毛病啊。以前特别小的时候，孩子有吃手的习惯，一岁半左右就改掉了。可现在都这么大了，怎么反而开始咬东西、吃手呢？

这其实是很多 5 岁孩子的共同特征，5 岁半之前，孩子情绪平和，举止安静；5 岁半之后，孩子变得容易紧张、焦虑。为了宣泄紧张焦虑的情绪，他们会顺手拿起一些东西来咬，尤其在不知道怎么完成老师布置的任务时喜欢咬自己的指甲，有的孩子还会不停地咬嘴唇。

不仅如此，受焦虑、紧张情绪的影响，有些孩子还会出现一些身体不适的现象，不是这里痛就是那里痛，如果孩子的情绪表现得过于紧张或激动，甚至还会发生更尴尬的事情——尿裤子或拉裤子。这会让很多家长感到生气和不解——孩子怎么越大越不懂事了？3 岁时就能完全控制大小便，如今都快 6 岁了，居然还会发生尿裤子或拉裤子的事情，真是太气人了。

其实，这是 5 岁半之后，孩子普遍会发生的改变。如果你的 5 岁孩子没有出现这些行为，那非常好，说明孩子大部分时间情绪都很稳定；如果有，父母也无须太过担忧，只要用爱接纳孩子成长中的变化，帮助他们缓解紧张、焦虑和压力，等孩子平稳度过这个时期后，这些情况自然会消失。

手脚变笨了，眼变拙了？

5 岁半的孩子因为想尝试新的东西，所以他们看起来更活泼好动，精力更旺盛。他们喜欢做一些新的改变，而不是像半年前那样端正地坐在椅子上。他们可能会把两只脚都放在小椅子上，但因为过于拥挤，而导致小椅子发生摇晃，甚至把自己摔倒。他们也可能斜倚在门边，当门晃动时，来不及调整姿势而摔倒。总之，5 岁半之后，他们变得不那么规规矩矩，同时，身体的平衡能力还有了一定程度的退步，也就是说，他们变得更容易受伤了。从此，父母就要更频繁地帮他们检查身体是否出现了红肿、瘀青或破皮等状况。这种情况到 6 岁时会变得更加严重。我们大部分人的记忆中都有一个幼小却伤痕累累的自己，尤其是双膝或双肘，不是轮番地受伤，就是一起受伤。

很多时候，我们还会发现 5 岁半的孩子经常把一些数字和字母看反或是写反，家长不用过于担心，因为他们对于图形和字符的辨识能力还处于发展状态，这是孩子大脑发育的一个正常现象。所以，我们不建议孩子在这个时间学习认字和书写。因为，这种视觉状态会让认字和书写变得更加艰难，增大孩子学习的痛苦和挫败感。

脾气变坏了？

很多妈妈会发现自己的 5 岁半孩子这阵子好像脾气变坏了，他们不讲道理，爱争吵。没错，确实是"这阵子"。虽然你可能已经尽了很大的努力做出让步，但是他们仍然动不动就跟你对着干。例如，如果你让孩子停止看电视，他们要么表现得磨磨蹭蹭，要么表现得性情暴躁，甚至还会用一些激烈的行为挑战你的底线。其实，不管怎样，这本质上都是在跟父母对抗，试图维护自己的利益。

有没有觉得这种情形似曾相识？是的，很多孩子2岁半时也是如此。不过5岁半的孩子在幼儿园的时间更多一些，通常他们在幼儿园里不会这样，一旦回到家，就会"大胆""放肆"许多，如果你碰上他们一点儿不顺心就嚎啕大哭，就地打滚也不要奇怪。5岁半的孩子就是这样，他们的生活环境更复杂了，生活和学习的压力更大了，紧张和焦虑增多了，所以情绪的波动更大了。

总之，理解和接纳他的状态与变化，然后再温和而坚定地提出你的要求就可以了。当然，也可以视情况而变通你的要求，达到双方的协同。

3. 认清孩子的成长规律：螺旋式成长，求同存异

螺旋状成长规律

有的父母在了解了孩子5岁半前后表现的巨大反差之后，会着急地说："为什么我的孩子刚5岁1个月就这么不听话，天天跟我对着干？他现在难道不应该是乖巧可爱的吗？"有的父母则说："为什么我的孩子都5岁8个

月了还这么安静、懂事，他不是应该变得更情绪化了吗？"心中有类似疑问的父母，亟须了解下面两个问题。

我们都知道，孩子是遵循其内在规律成长的，但这个内部规律是什么样的呢？是一条笔直的山路，随着时间的推移而逐步接近山顶的吗？

人们普遍认为，孩子当然是年龄越小越不懂事，越大越懂事，年龄越小各方面的能力越差，越大能力越强，总体上的规律也确实是如此，但并不是在孩子成长的每个阶段都如此。

事实上，这个内在规律是呈螺旋形盘旋上升的。在这个盘旋的过程中，和顺与逆反，内向与外向，却是交替出现的。比如整个5岁阶段，5岁到5岁半就是和顺期，5岁半到6岁就是逆反期，因此，才会有既充满正能量又阴晴不定的"双面骄娃"出现。从1岁半到6岁半之间，孩子的成长都是在这样两种截然不同的状态的交替中前行的。

大致上，孩子大约从1岁半到2岁，2岁半到3岁，3岁半到4岁，4岁半到5岁，5岁半到6岁，这几个时期是从逆反向和顺期转变。从2岁到2岁半，3岁到3岁半，4岁到4岁半，5岁到5岁半，这几个时期则是从和顺期向逆反期转变。

很多家长喜欢说"我家孩子比较内向"或"我家孩子比较外向"，其实大部分孩子的内向和外向状态也是交替出现的，比如3岁到3岁半这个阶段，是从外向变得内向，而从3岁半到4岁这个阶段，则是从内向转为外向。如果恰好是比较外向的时间进入幼儿园，孩子在心理上接纳新环境的速度可能就会很快；如果恰好是比较内向的时间去上学，可能适应得就更慢一些。

我们不要给孩子贴上"内向"或"外向"的标签，不仅是因为这两种性格在不同的时间段是会转化的，更重要的是因为内向有内向的优势，外向有外向的强项，并非某一个好，另一个就不好。因此，家长完全没必要为孩子贴标签，把孩子框在某种"人设"之中。

个体差异

当然，并不是每一个孩子的每一个阶段都严格遵守这个规律的时间节点。不同状态交替出现的本质不会变，但出现的时间却千差万别。有的孩子已经进入了下一阶段，而有的同龄孩子还在上一个阶段徘徊。这是说前者有"早熟""早慧"的情况，而后者可能发育迟缓，不正常吗？不，这都是再正常不过的现象，仅仅是"个体差异"而已。

我们说每个孩子都是独一无二的，即使是同时出生的、相貌完全一样的双胞胎，也是两个完全不同的个体。这一点，每个有双胞胎孩子的父母一定都深有体会。两个看上去一模一样，甚至很多行为都一模一样的孩子，依然存在很多不同之处，甚至可能是全然相反的。

每个个体的成长都遵循着自己所特有的成长规律，而不是一丝不苟地执行普遍规律。因此，有的妈妈对自己孩子的变化常常是"意料之中"，处变不惊；而有的妈妈却对自己孩子的变化常常是"大出所料"。这都是正常的。很多孩子的发展时间点可能会与我们说的相差半年甚至一年。还有的孩子可能整个儿童期都比较和顺，或都比较逆反，这是受孩子的基本性格等因素的影响。比如有的孩子的基本性格特征偏向于外向，那么他可能在最逆反又内向的阶段里，也往往是阳光开朗，喜欢冒险和新事物的。就算遇到挫折，也只是偶有小沮丧，很快就恢复了活力。反之，基本性格特征偏于内向的孩子，可能一直都表现得抗拒新环境和陌生事物，即使在和顺期和外向期，也只比平常稍微打开一点点心扉。这就是巨大的个体差异对成长规律的影响。

普遍规律的意义

有人会说，既然每个孩子都有自己的成长规律，那我们描述的5岁孩子的各种所谓的普遍情况就是没有意义的。

其实，普遍规律相当于一种参照标准，我们以这个标准来判断孩子的发展是快还是慢。比如，有的孩子运动能力发展的很好，不但可以连续行走半个小时而不感到疲倦，而且还会熟练地跑、跳、攀登等，能灵巧地做出很多精细动作，但社交能力较差，不太懂得如何跟同龄孩子相处。有的孩子语言能力很强，能够清晰、准确地表达自己的所思所想，却无法像其他5岁孩子一样奔跑跳跃，在舞蹈学习上腰、腿的"软""开"等素质训练也比较有难度。这两种情况表明孩子的发展不够均衡和稳定。

我们通常从身体运动能力、语言能力、适应能力和为人处事的能力四个方面来判断孩子在幼儿阶段的发展。通过与普遍规律的对比，我们就能了解自己的孩子在这几个方面发展的情况。不过，孩子的行为成长的快与慢并不重要，发展不均衡也没关系，家长没有必要焦虑，因为每个孩子的成长进程本身就可能是不同的，他们遵循自己的时间表。普遍规律的意义就在于让家长或老师了解到孩子的优势所在，从而进行有针对性的教育，因材施教。如果不了解普遍规律，我们对孩子的发展程度可能就比较茫然，导致无从下手或进行错误地施教。

4. 做合格父母的基本原则

5岁是重要的一年。在这一年，随着孩子的成长，出现的问题越来越多，父母面临的情况也越来越复杂：

孩子就要上小学了，专家建议不要上"幼小衔接"，因为这种小学式的学前班完全小学化，对孩子身心发展不利，可是不上又怕孩子跟不上，影响孩子自信，真是何去何从呢？

孩子的性格很急躁，常常发脾气，只要没有答应他，他就哭闹不停，还动手打人，都5岁了，怎么一点儿都不懂事？

孩子做事常常虎头蛇尾，看到别人画画，也拿起笔要画，画两下就跑了；无论做什么注意力都不集中，好动，上小学要坐40分钟，能坚持下来吗？

同一个班的孩子有的报了外教学英语，有的报了小颗粒积木开始学拼机器人，有的报了架子鼓开始音乐启蒙了，有的报了围棋班开始培养逻辑思维能力了，而自己孩子的兴趣暂时看不出来，好像对什么都感兴趣，又都不感兴趣，在时间有限、精力有限的情况下到底该学哪个呢？

……

面对这些令人欣慰的成长和令人头疼的挑战，你准备好了吗？你是如何定位自己的角色的？你想做孩子的教练，还是陪练？做导师，还是朋友？

不焦虑——坦然面对孩子的问题

有一个5岁小女孩和邻居小伙伴们一起在一个操场上玩，然后她发现了一大块"宝石"，透明的，天蓝色。怎么这么好看？如此的蔚蓝晶莹，是不是天掉下了一块？于是，小女孩决定把这块"天"带回家。这块"天"对她而言还是蛮大的，怎么拿回家呢？最后她决定用自己的连衣裙兜着回去。因为石头太重了，这一段不算太远的路，走走停停。邻居小伙伴们嫌她走得太慢了，都先跑回去了。她努力坚持，最终把这块漂亮的"宝石"带回家了。妈妈看她带着一块大石头，汗流浃背地走回来，还一脸兴奋地说:"妈妈,看,天!"妈妈马上也兴奋地说:"哎呀,真漂亮!太好看了!"帮她擦了汗之后,妈妈郑重地帮她把那个"宝贝"收藏起来了。小女孩长大后,那块"宝石"早就不知道丢到哪里去了,妈妈说其实那只是一块遗弃在操场上的玻璃胶。但这件事在她的心中一直都很美好,她始终记得那天天气特别热,自己走了很久,蓝色的"宝石"特别大、特别美。

5岁孩子喜欢捡小东西玩,如树叶、别人丢掉的扑克牌、小石子等,这些大人眼里的"垃圾"是孩子们手中的宝贝;他们喜欢做一些异想天开的尝试,将粉色垃圾袋充得鼓鼓的、扁扁的,当作《西游记》中的"蟠桃";5岁孩子喜欢"说谎",他们喜欢一本正经地胡说八道,还会用一双天真无辜的大眼睛看你……如果你觉得这些问题都让你很头疼,觉得孩子太难管,并担忧以后可怎么办,那就完全多虑了。

其实这些所谓的问题,都不是真正的问题,而是孩子在5岁这个阶段的普遍特征。5岁孩子喜欢"捡破烂儿"、喜欢做实验,恰恰是他们对这个世界怀有强烈好奇心的表现。5岁孩子探索自然的兴趣比我们想象的更强烈,他们更加积极地吸收自然界的知识,并探索事物背后的原因,家长需要创造更多的机会,让他们观察大自然。

5岁孩子喜欢"说谎",和成年人说谎不一样。他们可能只是想试探一下对方的底线,也可能只是为了"省事"。5岁孩子喜欢"说谎",但这并不是他们的道德水平不高,而是这个年龄段孩子普遍的问题,他们也许只是看你知道不知道,也许只是为了逃避惩罚。例如,你电脑上面插了工作用的U盘,一闪一闪的,孩子看到觉得很好玩,于是趁你不注意拔出来泡水里了。当你看到这一幕,一定非常生气,大喊一声:"这是谁干的?"孩子却一脸委屈的表情,说:"不是我干的。"这种情况下,如果你因为孩子弄丢了重要文件而要惩罚他的话,请尽可能在惩罚的时候让自己保持冷静。因为一个正常的5岁孩子就算知道自己不会受惩罚也会说出假话,他们还做不到意识到错误就马上承认。

面对这些问题，父母不要过于急躁，更没必要焦虑，因为这是孩子成长过程中必经的阶段，只要不去刺激孩子，这些行为就不会被强化，过了这一阶段后自然会消失。要允许孩子犯错，因为成长就是在不断犯错和改正中获得的。

不纠结——欣然接纳孩子的天生气质类型

心理学上把人的气质类型分为四种：胆汁质、多血质、黏液质和抑郁质。我们每个人都属于其中的一种或多种混合型。胆汁质的孩子兴奋性很高，性情直率，脾气暴躁，精力旺盛。他们高兴时，兴高采烈面对困难；精力耗尽时，情绪则一落千丈。多血质的孩子热情、适应能力强、爱交际，机智灵活，注意力容易转移，情绪易变，喜欢幻想，不愿做耐心细致的工作。黏液质的孩子安静、严肃，善于克制忍让，有耐久力，专注力高，但不够灵活。抑郁质的孩子好相处、人缘好，做事坚定，能克服困难，但比较敏感、孤僻，受挫折、疲劳后不容易恢复，反应有些慢。

每一种气质类型都有自己的优势和劣势，不能说哪一种更好，哪一种更差。并且人的气质主要由遗传决定，天生而成。作为父母，我们不能要求太好动的孩子一直端端正正地坐着，也不能责怪天性沉静的孩子缺乏活力。既活泼可爱、大方有礼，又动静皆宜、举止得体；既爱学习，又爱运动；既爱思考，又动手能力强……这样的孩子是儿童电影里的主角、动画片里的偶像，现实生活里很少出现。我们自己的孩子，有他天生的气质、本来的模样，作为父母，我们要培养孩子成为他自己，接纳他的所有优点，也接纳他的所有不足。他本来是什么就是什么，不要用玫瑰的艳丽去要求一朵百合，也不要用一棵云杉的高大去要求一株小草。父母要学会在养育的过程中扬长避短，因材施教，要发展他的优势，避开短处，帮助其健康成长。

不着急——对孩子的成长提出合理预期

"隔壁的小胖都会 20 以内的加减法了,为什么我家孩子 10 以内的还算不明白?"

"我同事家闺女会背好几百首唐诗了,为什么咱家孩子只会十来首,他为什么就是不肯背呢?"

"老师,森森画的这么好,我儿子也天天画,怎么还是只会画房子画树呢?"

……

"没有比较就没有伤害",这些比较对孩子来说都是压力,而从 5 岁,甚至从 4 岁开始,很多孩子就开始不得不经常承受这种压力,这叫他们幼小的心灵怎么能不疲惫呢?

虽然我们说 5 岁孩子在各种能力上大致会呈现什么水平,但如果真的没达到,父母也不要太着急,尤其不要当着孩子的面去和其他你认为优秀的孩子做比较。我们在前面讲过个体差异,每个孩子都有自己的成长时间,就像那些春天的树木,有的已经郁郁葱葱,有的却刚刚抽枝发芽,但这并不影响它夏天长得浓密茂盛,秋天果实累累。

美国女科学家芭芭拉·麦克林托克在 81 岁时获得诺贝尔生理学和医学奖,她在领奖台上说:"我是一朵秋天的雏菊,我相信,不是每一朵花都在春天开放。"

请父母们认识和接纳自己的孩子吧!也许他不是一朵春天盛开的花朵,而是一颗秋季才能长成的甜美的果实,或是一棵既不会开花也不会结果,但日后却能遮阴避暑的参天大树呢。

第二章

5岁孩子的变化：身体、运动能力和社会性的发展

5岁之后的孩子，尽管身高和体重的增长速度开始放慢，但他们的肌肉和骨骼却日渐强壮，身体愈发挺直，身体比例也更加完美。那么，在这一阶段，孩子的身体将如何发育，运动能力将如何发展，他的社会性发展又会给家长带来哪些出人意料的惊喜呢？

1. 身体匀称，日渐强壮

身体发育

5~6岁的孩子身高增长不再像之前那么迅猛了。有的孩子3岁或4岁时，一年能长10厘米甚至更多，但5岁之后，孩子的身高一年增长约5~7.5厘米。不过，也有个别孩子仍然会在这一年长很多。通常那些吃得好、睡得多、户外运动量较大的孩子，身高会增长较多。

他们的体重增长也变得缓慢，在这一年中大约只增加2~3千克。5岁之前的孩子头大身小、圆润、矮胖、憨态可掬，5岁之后，不仅他们的肌肉和骨骼变得更强壮，而且头长和身长的比例因身高的增长也逐渐变小，体型渐渐地由肥墩型向瘦长型转变，身体各部分看起来更加匀称。

身材瘦长的5岁孩子能经常保持正确的站、坐和行走的姿势，他们的动作更加流畅。上下楼梯时，不用手扶栏杆就能换脚，不再像小时候那样需要手脚并用了。平时，父母带他们去超市购物或到公园玩耍时，也不用为了照顾他们而放慢脚步，在速度上他们几乎和大人同等了，在凹凸不平的路面上也能保持平衡，而且专门喜欢走不平整的道路去挑战高难度。总的来说，5岁孩子在外表、行为举止上俨然一个"小大人"了。

牙齿发育

5岁，一个越来越接近换牙的年龄，不过，在上半年，孩子掉牙的情况还比较少见。到了5岁半接近6岁时，很多孩子下颌的乳中切牙开始摇动、脱落，不久后，恒中切牙纷纷拱出来。换牙是一个长期的过程，从第一颗乳牙脱落开始，要经历6～8年才会换好所有的恒牙。父母在孩子的换牙期应多多注意他们的乳牙是否滞留或早失、恒牙萌出是否有困难等。同时，还应当注意帮助孩子纠正影响牙齿健康的各种不良习惯。

视觉发育

5岁孩子的视觉涵盖范围基本和成年人一样，他们也可以看得同样远、同样宽，但他们的观察力还差很远，无法做到全面细致的观察，常常只能看到一处而忽视其他地方，因此需要大人的提醒和帮助。所以，在和5岁孩子一起玩视觉大发现之类的游戏时，他往往因为不善于整体观察而不能即时发现目标；在做需要手眼协调能力的游戏时，也需要大人一步一步地引导。

另外，四五岁孩子在看数字和一些字母时，容易发生镜像现象，即上下和左右会弄反，比如2和5分不清、9和6分不清、7和3的方向写反、S和B字母方向写反等。这些都是这个年龄段视觉发展的特性所造成的，而非孩子不认真、不用心，所以，父母遇到这样的情况时，不要急于责备孩子。

2. 灵活敏捷，活力无限

灵活敏捷又有力

5岁孩子体力充沛，精力旺盛，攀爬、跳跃等很多基本的动作都能轻松完成。比起4岁时，他们的身体灵活性和平衡能力有了很大的提高，力量、耐力、爆发力也有了很大发展。大部分孩子都能做出前滚翻、后滚翻的动作，还有的5岁孩子能双手吊在单杠上坚持20秒。在幼儿园的运动会上，他们能参加50米的短跑。在日常生活中，他们能步行2公里甚至更远。

这个年龄阶段的孩子需要有足够的时间和空间释放过剩的精力，也需要在奔跑和跳跃中进一步发展运动能力。

父母平时可以带孩子玩一玩跳远、跳绳、跳皮筋、踢毽子、滚连环、踢球、拍球、跳跃扣球等游戏。如果孩子有兴趣，还可以让孩子学习打乒乓球、羽毛球、轮滑、游泳、滑冰、跆拳道、武术等运动项目。周末或节假日，可以带着孩子去附近爬山、踏青、采摘，寒暑假还可以带孩子远途旅行，去参观一些名胜古迹、体验少数民族文化等，让孩子的运动能力在旅行中得到进一步的发展，同时也能开阔孩子的眼界，增长知识。

父母在给孩子安排活动的时候，要注意既不能过于限制孩子，又不可放任孩子随意活动，更要注意孩子的人身安全以及运动的时间。5岁孩子的机体组织仍然比较娇嫩，因此要避免时间过长和强度过大的运动，以免对孩子的身体造成损伤。

精细动作和自理能力的发展

5岁孩子的精细动作能力有了很大进步。他们的手腕、手指都比之前灵活、有力了许多，很多原来无法完成的动作现在都可以做到，并做得很好。在幼儿园里，老师会让孩子写字、画画、剪纸、拼插积木、串珠子，很多孩子都能完成得不错。在家里，5岁孩子自己穿衣服、鞋子时，可以扣扣子、拉拉链、系鞋带，自己吃饭时也可以尝试用筷子。

当然，并不是所有的5岁孩子都能把这些事情完成得非常好，有的孩子发展会快一些，有的孩子会慢一些，我们需要尊重个体差异。最重要的一点是，无论发展快还是慢，都需要家长提供练习的机会，并且在一旁耐心地鼓励和支持。

有的家长嫌孩子自己做事动作太慢，就直接代劳了，这是非常不对的，如果孩子练习的机会经常被剥夺，想要动作熟练就更难了。假如一个孩子从来不动手做事，别说5岁，就算10岁了，也可能都不会使用筷子吃饭。这绝非危言耸听，因为手部做动作时，大脑中掌管手部运动的神经元才会紧密联系，手指才会越来越灵活，如果什么都不做，大脑中这一部分的神经元缺乏连接，动作就会比较笨拙、不协调。

通常5岁孩子会对文字感兴趣，这正是他学习识字、写字的好时机。但很多孩子往往在正确拿笔这一关就被卡住，总是无法掌握正确的拿笔姿势。这时，家长千万不要焦躁，耐心给孩子多做正确的示范，还可以买几个握笔器来帮助孩子纠正姿势。5岁孩子初学写字，把字写得歪歪扭扭，里出外进的，是再正常不过的了，不要责备孩子，否则孩子心里紧张，就会写得更差。也不要让孩子一次写太久，长时间写字可能会伤害到手部肌肉。

运动让大脑更聪明

大肌肉能力的增强，让 5 岁孩子可以从事更多剧烈的、有难度的冒险活动，这使他们获得了更多的乐趣和成就感。同时，也让孩子的身体更加强壮，身材更加匀称。身体的发展对大脑的发育也有很强的促进作用，可以让孩子的头脑更加灵活，学习效率更高。

美国芝加哥有一所中学，规定学生早七点到校，进行跑步等运动，然后才上课。一开始家长都反对，担心孩子一进教室就打瞌睡，结果正好相反，学生反而更清醒，上课的气氛更好，而且他们的记忆力、专注力都增强了。研究人员还做了一个实验，让两组学生早上都参加运动，然后让一组学生上午第二节课上比较耗费能量和脑力的数学课，另一组下午第八节上数学课。结果显示，上午那一组的学习效果比较好，且比下午组要好两倍以上。

这是为什么呢？因为运动能为大脑输送更多的营养物质和氧气，能够提高专注力和记忆力，从而提高学习效率，因此爱运动的孩子在学习上通常领先于不爱运动的孩子。

运动不仅使大脑更聪明，对孩子的心理健康也有积极的意义。爱运动的孩子会更自信、更友善、更善于与他人合作。所以，父母可以为 5 岁孩子安排适当的活动，引发孩子对运动的兴趣，并养成坚持体育锻炼的好习惯。

3. 社会性更加突显

亲社会行为增多

5岁孩子会表现出帮助他人或群体的倾向和行为，比如分享、安慰、谦让、帮助、合作、捐赠、救援等。他们的亲社会行为显著高于4岁，常常认为自己有责任帮助他人，也认为自己有能力帮助他人。因此，我们看到的5岁孩子，往往是自信又热心的。

不过，亲社会行为不是与生俱来的，而是后天培养的。有的孩子自私、霸道，待人接物不够礼貌和友好，对他人的事情漠不关心，这些和孩子的家庭环境、家庭教育有着密切的关系。

很多父母总是怕自己的孩子在外面吃亏，因此教育孩子时很注意提高他们的自我保护意识，却忽视了引导他们要对人友善。比如，有位妈妈带着孩子在外面玩，孩子从来不把自己的玩具分享给别人，妈妈也没有一句引导。孩子想玩别人的玩具，伸手就抢，这个妈妈也只是轻轻说一句："不可以，这样不好。"但不做认真的教育和实质的阻止。这位妈妈对孩子亲社会的行为培养是不到位的。

亲社会行为是人与人之间形成和维持良好关系的重要基础。幼儿阶段，家长要重视和加强孩子亲社会行为的培养，这对于发展孩子健全的人格、培养良好的道德品质有重要意义。因此，家长在家庭教育中不要只重视智力开发，而忽视了孩子社会性的培养。

攻击性行为减少

学前阶段，孩子虽然懂得了很多相处的道理，但还是免不了有攻击行为的发生。男孩肢体性的攻击通常更多一些，表现为男孩们抢夺别人的玩具、互相拍打，甚至扭打在一起。女孩的攻击行为其实并不比男孩少，不过女孩倾向于使用关系型攻击，比如"她不是我们班的，走，我们不和她玩""你再这样，我就不和你好了"。

这些偶尔的攻击行为是很正常的，家长应进行适当的干预并引导孩子道歉、原谅、和解，孩子也会从这种经历中学会解决矛盾、冲突的办法。因此，不要过于担心自己的孩子欺负别人或被别人欺负，这种经历在孩子的成长中很重要，也很必要。

不过，女孩常使用的关系型攻击具有一定隐蔽性，很多家长可能没有意识到自己的孩子被攻击了，或自己的孩子正在攻击别人。女孩子之间的矛盾也需要家长的帮助和协调，家长的适当干预能让孩子尽快学会接受新朋友以及融入新集体。

4. 性启蒙更深入

更关注生活中的男女差别

5岁孩子对性别的概念更加清晰。在行为表现上，他们越来越符合自己的性别特征，即男孩表现得更像男孩，女孩表现得更像女孩。

这一方面是因为男女神经系统发育不同，另一方面是来自家长、老师以及整个社会的引导，比如大人们经常会说"男孩要勇敢""女孩要文静"。他们所接触的图书和动画片里，男孩和女孩们的形象尽管千差万别，但大都能寻找到性别的规律，比如男孩通常穿长裤或短裤，女孩通常穿裙子。

这些潜移默化的影响对他们自身的发育起了很大的作用——女孩更注重自己的形象，喜欢打扮，喜欢照镜子，更喜欢漂亮的裙子和各种首饰。男孩对形象的要求是最好看上去像某位英雄，比如他们喜欢服饰上有奥特曼、蜘蛛侠、超人等图案，但拒绝有蝴蝶结、粉色的花朵等。在游戏方面，男孩喜欢跑来跑去，玩一些"打打杀杀"的游戏来释放他们旺盛的精力。女孩则喜欢安静地坐在桌子前看书、画画。如果是玩角色扮演类游戏，女孩喜欢玩过家家、扮演医生和病人、去超市购物等和日常生活相关的游戏，男孩则喜欢玩"警察和坏蛋""英雄和怪兽""孙悟空三打白骨精"等游戏。男孩与女孩一起玩时，他们会自觉地扮演符合自己性别的角色。

5岁开始，性别分离现象在孩子们的群体中出现，男孩更多地选择跟男孩玩，女孩则喜欢和女孩玩。这种现象随着年龄的增长会越来越明显。

性教育的重要时期

5岁孩子开始意识到男孩和女孩的身体是不一样的，也开始明白性别不会随着年龄的增长而变化。5岁孩子通常不会在公共场合露出身体的私密处，他们甚至在家里也很注意不让别人看到自己的私密处。但如果父母对孩子隐私的教育不到位，则可能导致孩子缺乏这方面的意识。

在某偏远地区的幼儿园，一个5岁学前班女孩经常会在幼儿园院子里的大树下，旁若无人地脱下短裤，蹲在地上小便，其他小朋友都习以为常，但也有一些好奇的孩子蹲下观察她。幼儿园的老师从来没有制止过，一是习惯了，很多男孩也会这样做；二是因为女孩的妈妈是这所幼儿园的老板，她们觉得管老板的孩子不太好。

这位做教育工作的妈妈和女孩的老师们实在是太不称职了。隐私教育的缺失会给孩子未来的生活带来极大的干扰。假如这个女孩上小学后依然如此，那必然会遭到同学的耻笑，甚至是老师的呵斥，那么，孩子的自尊心就会受到伤害，甚至可能产生罪恶感。这种习惯也会为孩子的人身安全带来隐患，因为性犯罪者总是更倾向于对性意识薄弱的孩子下手。

如果家长能认真地对孩子进行性教育，正确解答孩子关于性方面的疑惑，孩子就会懂得保护好自己的隐私，因为5岁孩子的羞耻感是很强的。

"性趣"降低

3～6岁是儿童性心理发展过程中的性器期。这个阶段的孩子开始对自己的性器官产生好奇心，会去观察或用手摆弄自己的性器官，并会询问有关生殖器以及生宝宝的问题。尤其是4岁这个阶段，孩子对性极为感兴趣，喜欢玩自己的肚脐眼、生殖器，喜欢与"屎尿屁"有关的故事，关注自己的大便和小便，还经常提问"我是从哪里来的""妈妈你是怎么生的我"等问题。

但5岁时，孩子对这方面的好奇心逐渐降低，对这些事情不再那么关注了。当然5岁孩子偶尔也还是会玩跟性有关的游戏，多数都是跟其他年龄的孩子一起玩。比如几个小孩子一起脱光衣服，互相研究隐私部位。家长遇到这种情况时，不要激动，更不要暴怒，也不要训斥孩子，冷静客观地看待孩子的行为，科学地解答与之相关的问题，这不仅可以在一定程度上满足孩子的好奇心，也能变不利为有利，趁机给孩子上一堂性教育课。

更依恋异性父母

很多 5 岁男孩更喜欢妈妈，女孩则更喜欢爸爸，他们甚至想独占自己的异性父母，对同性父母表现出不满。这并非病态，而是幼儿期孩子必经的一个正常阶段，切忌用成人世界的观念来评价或训斥孩子。

虽然说是必经的过程，但也未必每个孩子都会出现，比如，有的女孩常年只和妈妈生活在一起，爸爸因为工作或其他原因很少待在孩子身边，那么这样的孩子对父亲的感情也相对没有那么依恋。

孩子出现这种现象时，父母要以平常心对待，要让孩子知道爸爸妈妈之间是相亲相爱的，让孩子在幸福温馨的家庭中感受到温暖，他是父母最爱的孩子。

5. 规则意识增强，有了集体荣誉感

有明确的是非观念

5 岁孩子在很多事情的对错上已经有了正确的判断，知道哪些行为是被允许的、被鼓励的，哪些行为是不被允许的、会受到批评和禁止的。他们也知道"想法"和"做法"的区别，尽管有些事他们想做，但知道自己不应该做，他们会努力克制住想做的欲望，遵守规则。他们的自制力有了一定的提高。

有的孩子已经有了初步的规则意识，但执行情况不够理想，时常需要成人的提醒或督促；有的孩子甚至出现了自律规则的萌芽，不过尚未成型，还需要成人的引导和启发。比如，一个孩子知道上完厕所要冲水，然后洗手，但总会忘记一些事，不是忘了冲水，就是忘了洗手，大人经常提醒他，次数多了，孩子就不会再忘记了，因为他已经有了遵守规则的意愿，只是还没养成习惯。

5岁孩子自尊心很强，为了不让别人批评自己，或希望给别人留下好印象，他们会主动遵守规则。如果孩子不遵守规则的行为受到批评，他们会记得不再犯类似的错误，但如果受到嘲讽、侮辱式的批评，孩子就会愤怒，也不愿再遵守规则。但如果好的行为受到表扬和鼓励，他们会因此而更加积极地去努力，甚至做得更好。

在游戏中学习规则

让孩子在游戏中培养规则意识是非常重要的。幼儿园会把很多卫生规则、就餐规则、如厕规则、课堂纪律规则改编成游戏，让孩子在游戏过程中模拟真实场景，掌握规则；或者编成儿歌，让孩子在唱诵中牢记规则。

5岁孩子的合作游戏大大多于4岁孩子，他们已经能在一个大的游戏项目中分工合作。他们会自发地制定一些简单的规则，用以维持游戏秩序、提高效率，并且自觉遵守，如果有伙伴违反规则，马上就会有其他孩子出来制止或纠正。

通常孩子们一起玩的时候，由于规则意识的强弱和自律程度的高低，常常会引起冲突，成年人在调解时，需要了解他们制定的游戏规则，并强调遵守规则的重要性。不要随便废除孩子自制的规则，如果规则不够合理，可以给出适当的修改建议。

孩子需要守规则的环境

有些孩子在排队坐车、排队就餐等方面做得很好，有些孩子则完全没有这个习惯，无论是坐车还是等电梯，总是一哄而上或用自己身材矮小的优势"见缝插针"。这不是孩子的错，而是成年人没有起到良好的示范作用。

不同的环境诱发不同的社会行为。生活在一个良好的、积极的、遵守规则的环境中，孩子自然会成为一个遵守规则的人。反之，孩子就会规则意识淡薄，不遵守纪律。长此以往，他们也会对法律缺乏敬畏之心，不愿意遵纪守法。

每个家庭所处的社会环境不同，当我们改变不了社会时，我们仍然要做好自己，让自己成为孩子的正面榜样。若要孩子遵守规则，首先自己要做到遵守规则，如果自己闯红灯，怎么指望孩子能遵守交通规则呢？

5岁孩子在很多方面尽管有遵守规则的意识，但他们的自控力还比较弱，很难控制自己的言行，因此不遵守规则、明知故犯的情况也很多。任何好的行为习惯都不是一朝一夕就能养成的，需要长期的坚持，家长要做的就是给予充分理解，耐心提醒和纠正，同时，家庭规则一旦制定就要长期遵守，全家共同执行，不能朝令夕改，也不能因为自己是大人就搞特殊化。

帮助孩子找到归属感

随着年龄的增长、情感的发展以及集体生活的适应，孩子渴望得到幼儿园老师、小伙伴们的认同和接纳，他们会有这样一种认知：这是我的幼儿园，这是我的班级，这里的一切都和我息息相关。这就是集体归属感。

很多孩子4岁时就有这种集体归属感的需求，而到了5岁，这种情感需求更加强烈，他们会以自己的幼儿园和班级为荣，会因自己是其中的一份子而骄傲。正是这种归属感的存在，很多孩子幼儿园毕业时会舍不得，甚至上了小学也会经常回来看望自己的老师和幼儿园。

集体归属感是孩子重要的心理需求，父母应鼓励孩子了解自己与他人的不同，树立自信心；引导孩子发现同学的优点并能用恰当的语言表达出来；提醒和引导孩子为班级服务，比如照顾植物、喂小动物、收拾玩具、当老师的小帮手、检查其他小朋友的小手是否擦干净等，还可以鼓励孩子积极担任值日生，帮小朋友整理衣服，积极参与每一次活动等，并告诉孩子不做损害集体利益的事情。

5岁孩子已经知道自己不仅生活在一个家庭、一个班级中，更是生活在一个城市、一个国家中。因此，他们的集体归属感还包括热爱自己的家乡、热爱自己的祖国。这就是爱国主义的萌芽。不过很多孩子此时并不具有浓厚的热爱祖国的情感，这就需要老师和家长的引导。例如可以为孩子买来世界地图和中国地图，告诉孩子哪里是我们的国家，我们的国家有什么伟大的山川、河流，有哪些重要的城市，有哪些丰富而宝贵的物质资源。让孩子在对祖国的惊叹中自然而然地生发出自豪感和爱国之情。

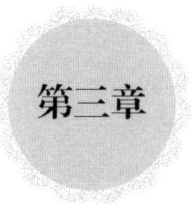

第三章

与5岁孩子相处的技巧

5岁的孩子,时而温顺体贴,时而开朗愉悦,时而安静内敛,时而固执己见……面对孩子的这些令人捉摸不透的成长表现,作为父母,如果掌握了一些与5岁孩子共处的技巧,并给予孩子积极的引导,就可以轻松地养育出乖巧、聪明的孩子。

1. 不同角色的相处

母亲和女儿

5岁女孩特别注重自己的外貌,她们喜欢模仿妈妈的穿着打扮。例如她们会穿着妈妈的高跟鞋在家里走来走去,有时还会用妈妈的口红、眉笔给自己化妆。爱美是女孩的天性,妈妈应该理解。作为妈妈也有责任每天把自己和女儿打扮得漂漂亮亮,不因注重内在美而忽视外在美。不过很多年轻妈妈往往会做得比较过头,经常给孩子化浓妆,穿得像公主一样。其实,常化妆对儿童的皮肤和健康都有危害,而且公主裙之类的礼服只适合于隆重场合,并不适合日常生活。父母平时给孩子穿得大方得体就可以了。

妈妈的形象对女儿十分重要,一举一动都是女儿模仿的对象,要想培养一个可爱的淑女,妈妈就一定要注意自己的言谈举止。

同时,5岁正是孩子对异性父母特别有好感的时候。有的小女孩特别喜欢和爸爸在一起,甚至希望自己一个人占有爸爸,看到爸爸对妈妈亲密还会不满。对此,妈妈应该理解,并且告诉女儿,爸爸是妈妈的伴侣,孩子是爸爸妈妈的最爱。

5岁是性教育的重要时期,女孩的性教育中,妈妈要担负起主要责任。妈妈要告诉女儿什么是隐私、什么是隐私安全以及如何保护自己的隐私。

父亲和女儿

5岁的女儿会十分依恋爸爸,每天都希望和爸爸一起玩。作为爸爸,尽管每天工作都很忙,仍然应该抽出一定的时间陪伴孩子。

女孩通常都喜欢读书、画画等活动。爸爸可以陪孩子一起亲子阅读,从男人的视角来给孩子讲公主与王子的故事,告诉孩子王子是怎么看待公主的,王子喜欢公主哪一点。爸爸讲出来的故事和妈妈的角度一定有很多不同,可以让孩子从多方面去了解事物。有些女孩对科普故事兴趣不高,也可以由爸爸来引导,因为爸爸们通常喜欢科技、自然类的读物,他们能把科学中蕴含的乐趣传递给孩子。

5岁的女孩也和男孩一样喜欢蹦蹦跳跳,爸爸可以多带女儿外出运动。有些女孩胆子小,身体协调能力差,有爸爸的陪伴,她们更愿意也更有勇气尝试轮滑、游泳、踢球等运动,因为爸爸的高大和强有力的臂弯会让她们更有安全感。

母亲和儿子

别看男孩5岁了,个子高了,懂的道理也多了,其实他们还是和两三岁小宝宝一样依恋妈妈,甚至更爱妈妈。有的男孩子晚上要和妈妈一起睡,并且还要把爸爸赶到其他房间去睡。他们只要从幼儿园回来,就一刻不停地缠着妈妈,让妈妈陪他们看书、拼积木、玩玩具。有的妈妈觉得孩子太黏人,就会说:"都这么大了还黏着妈妈,不像个男子汉。"这样的说法会伤害孩子的感情,因为他们虽然年龄增长了,但情感仍然是幼儿,依恋妈妈是正常的心理需求。不能用"不像个男子汉"之类的语言增加他们的心理压力。

5岁男子看起来非常闹人,他们一刻不停地跑来跑去,不停地说这说那，其实他们很容易被引导，只要用一个个的竞赛游戏就能打发他们。例如告诉他们"我们来比一比，看谁拼的积木最多""我们来比一比，看谁拼图速度快"。5岁孩子特别争强好胜，不过有的小孩只能赢不能输，输了就哭。妈妈要提前说好，"输了不能哭、不能生气、不能耍赖，否则我就不陪你玩了"，一般只要提前打好预防针，孩子就算输了也能接受。

父亲和儿子

妈妈是5岁女儿的模仿对象，同样，爸爸也是5岁男孩心目中的"英雄""偶像"。爸爸可以带着5岁的儿子一起做很多运动，这一点是妈妈比不了的，因为大部分妈妈的体力和精力都赶不上自己的儿子，而爸爸和儿子之间可以玩益智类、对抗类的游戏，如"打打闹闹"。打打闹闹，没有什么游戏规则，没有要求，没有学习的目的，就是纯粹为了开心。

父子之间的打闹更容易让孩子懂得男人之间是如何相处的。在孩子与爸爸的打斗互动中，他的适应能力、反应速度、自我保护能力等都在不经意间得到了锻炼。

和母亲一样，父亲也要担负起5岁儿子的性教育责任。在家里，最好由爸爸带领儿子洗澡。爸爸可以选择适当的时机，用图书或故事给孩子讲解什么是隐私、如何保护自己的隐私以及人身安全等知识。

2. 5岁孩子既独立又依赖

不喜欢被指挥

5岁孩子特别渴望成为大人,因为大人什么事都可以自己做决定,不受别人支配和指挥。5岁孩子有了一定的自理能力,穿衣、洗脸、刷牙,这些事情他们可以自己做,但是会做不代表爱做。早上起来,大人让孩子穿衣服,然后去刷牙、洗脸,他们总是磨磨蹭蹭不肯动,但是妈妈如果亲自动手帮他们做,他们又会不高兴地说:"不用你,我自己会。"

随着年龄的增长,孩子的自我意识开始增强,他们更加注重自己的想法和感受,对父母的命令很抗拒。父母应该及时调整向孩子发出指令的语气,如果还是像对小孩子那样直接,可能会遭到更多的拒绝。对5岁孩子,使用更平等的语气,或用请求朋友帮助的口气,孩子会更容易接受。

5岁孩子不仅不喜欢被指挥,而且喜欢充当指挥者的角色。每当家里有什么热闹事,他们都踊跃地想办法、出主意,想让大人按照他说的做。比如,有家人过年贴春联,妈妈和奶奶忙着给对联涂糨糊,爸爸负责站在凳子上贴。5岁的孩子好像第一次经历这件事,跟着转来转去,不停地指挥:"妈妈,第一步,把糨糊涂到对联上。""奶奶,第二步,把对联拿给爸爸。""爸爸,第三步,贴到墙上。""爸爸,再往左,不对不对,是再往右。"5岁孩子的参与意识越来越强,虽然有时会给大人添乱,但是却对他们积累生活经验、锻炼社会交往能力有很大的好处。因此,大人还是要鼓励和支持孩子的参与。

意见和想法越来越多

5岁孩子的思维能力大大提高，他们的生活经验也比以前丰富许多，因此对很多事情开始表达自己的看法。走在路上，看到别人随手扔了食品包装纸，他们会说："他这样做是不对的，应该把垃圾扔进垃圾桶。"看到路上有老年人吐痰，他们会说："老年人这样是不讲卫生的，对不对？但是他们年龄太大了，已经养成不好的习惯了，改不掉了。妈妈，你说对不对？"他们总是认真地观察世界，并且发表自己的意见。

当然，因为生活经验不足和理解能力有限，他们也常常发表各种"谬论"，提出很多荒诞的意见。无论是荒诞的还是可笑的看法，都是他们自己思考的结果，都有他们的理由和依据。他们不会轻易服从别人的观点，而是会发出自己的疑问，甚至会强烈反对："才不是你说的那样呢！"此时，孩子应该得到大人的尊重，保护孩子的自信从保护他们的观点开始，敢想、敢说的孩子才有自己的主见，才不会轻易被别人的思想所左右。

我们要认真对待5岁孩子的奇思妙想，而不要嘲笑他们，哪怕是没有恶意的笑。有时候，你仅仅因为童言无忌的天真而笑，孩子也会不高兴，"有什么好笑的！这根本就不好笑。"他们会很严肃认真地强调，因为他们的自尊心很强，这样的笑会让他们很没面子，感觉自尊心受到了伤害。5岁孩子所需要的尊重和信任同成年人一样多，甚至比成年人还要多。

害怕被冷落

5岁孩子不喜欢别人对他指手画脚，但是如果不理他，让他自己玩，他又会不开心。他会用很沮丧的语气说："唉，都没有人陪我，我一个人孤零零的。"5岁孩子就是这样，他虽然不喜欢听从别人的指挥，但是他渴望有人陪伴。如果有同龄的孩子陪伴，是最好的。跟同龄人玩耍，他们能玩得很愉快，时间也久，甚至在分开时会依依不舍。如果没有同龄人陪伴，他也希望爸爸妈妈能陪自己一起玩，但前提是要平等地玩，当然最好是服从他的安排。如果大人陪玩的时候总是说："你这样不对，你应该这样。"他们就会很反感，权衡之后，他们会说："还是我自己玩吧，你不用陪我了。"但如果父母真的对他们不闻不问，他们又会跑过来说："哎呀，一个人玩好无聊啊！"

5岁孩子其实只是需要自己的空间，希望自己独自做事不被打扰，但并不代表不需要父母的关注，他们对父母仍然有很深的依恋。

有的父母给5岁的孩子报了英语、逻辑思维网络学习课，希望孩子能好好听课。但5岁孩子的理解能力有限，当课程加深时，他们就会遭受挫折。这时如果没有父母的陪伴，他们就会产生畏惧和厌烦心理。反之，如果父母能陪同上课，并且时不时地安慰和鼓励，他们就会继续开开心心地学习。总之，因为年龄太小，他们害怕被父母冷落。

3. 捕捉5岁孩子好的行为

数一数你的孩子有多少优点

5岁孩子和4岁孩子相比，家长会很明显地感觉到他们更加顽皮了，更加"不听话"了。我们常常发现他正在某个角落悄悄地"糟蹋"东西，比如把卫生间里大盆小盆装满水，地上也洒的都是水，盆里放着奇奇怪怪的东西，美其名曰"做实验"；或者把新买的玩具车和旧玩具一起拆散，要"合体"成变形金刚……家长们都说如果突然发现屋子里很安静，孩子在自己玩，那简直就是"暴风雨"来临前的征兆，因为他们一定是在专注于某些"可怕"的事。总之，5岁孩子太淘气，太不听话了。

有位幼儿园大班的老师听到很多家长反映孩子越来越不听话，"越大越不懂事"，于是就给家长留了一个作业，要求写下孩子的优点，越多越好。很多家长回家后认真地完成作业，静下心来想一想，自己的孩子记忆力好、喜欢帮助别人、有礼貌、从不和小朋友打架……细数起来竟然能找到二三十条优点。

我们经常被表面现象遮蔽了双眼，看不到本质。其实说5岁孩子不听话只是一种错觉，因为5岁孩子的各方面能力都增强了，他们主动探索的欲望和动手能力更强了，所以他们会有很多奇思妙想，并且会立刻着手实现。任何探索和实验的过程都可能产生一定程度的破坏，这一点科学家和发明家们已经给我们做了无数的证明，5岁孩子当然也不例外。

当你因为孩子的行为而控制不住情绪时，不妨冷静下来，在心里默默数一遍孩子的优点，愤怒就会转化为理解和包容。

及时表扬孩子的好行为

有的家长对孩子要求很严格，孩子做到了，认为是理所应当，而如果孩子没做到，就对他严加管束或进行严厉的批评。其实，对5岁孩子来说，尽管他们各方面的能力都有了很大提高，但一些大人认为理所应当的事情，对他们来讲仍然是很有难度的。

比如最简单的家务活——扫地。一个大人扫地时能很轻松、很迅速，并且墙角、桌下都能清理干净。但对孩子来说，这并不是一件容易的事情。

首先，扫地的工具通常都是按照大人的身高和力量来设计的，对孩子来说，又高又重，拿起来就要花费一些力气。其次，扫地要一边动手挥动扫把，一边用眼观察哪里需要多扫几下，孩子的劳动经验和观察力不足，经常会看到这边，漏了那边。最后，体力上的差异，大人扫一间屋子不费什么力气，但孩子可能没扫完就觉得疲劳，不想继续了。

所以，如果一个孩子能完整地把地扫完，家长首先要做的就是真诚地感谢和表扬他"谢谢你为家庭卫生环境贡献自己的一份力""你能完整地做完这件事真的很棒！"而不是上来就挑毛病"这个墙角没扫干净呀""这个椅子下面根本没扫""扫地可不能糊弄了事"。对孩子来说辛苦的劳动是否能得到肯定会影响以后他对这项工作的态度。

无论是做家务活，还是学习和与人相处，道理都是一样的。要想看到孩子更多好的行为，就要及时表扬和鼓励孩子。

帮助孩子发现他有多"厉害"

一个5岁男孩参加绘画兴趣班的试听课后，很伤心地跟妈妈说："我不喜欢我自己。"妈妈问："为什么不喜欢自己？"他说："因为我画的画是最不好的。他们都会画很多东西，而我只会画房子。我连拿笔都不会拿。"原来，在课堂上，其他小朋友都画了花朵、蝴蝶、太阳等很多东西，而他的画上只有房子，他觉得这样的画是最不好的，并且在画画过程中，老师对他拿笔的姿势进行了两次纠正。小孩子都很敏感，都渴望表扬，但在这堂课上，他没有得到肯定和表扬，所以才认为自己是最差的。

5岁孩子经常会出现这种自我否定，家长需要及时关注他们的思想。告诉他们：优秀的形式有很多种，不是和别人一样才是优秀的，每个人都有自己的优点、长处。我们要帮助孩子发现他自己有多"厉害"。

"妈妈，我跑得都没有那个中班的孩子快。"妈妈说："想要跑得快就要多练习。再说你虽然跑得没有那么快，但是你跑得稳啊，从来不摔跤。"

"妈妈，他们今天背的儿歌我都不会，我都没听过。我真难过。"妈妈说："不要难过，儿歌有千千万万首，没有人能听过所有的。别忘了，你可是背古诗的高手，你能背诵一百多首古诗呢，相信你的朋友里没有人比你更厉害了。"

"妈妈，我为什么总是做不好手工？我的手好笨啊！"妈妈说："妈妈小时候手也不灵巧，是同学里手工做得最差的。后来我经过很多练习，不但学会了折纸、剪纸，还学会了织毛衣。你只是练习还不够而已，别忘了，你可是串珠子的高手，如果勤加练习，你一定能把剪纸剪好的。"

4. 家长这样说，孩子才会听

"我其实也有这个感觉"

孩子不肯听话，并且总跟大人"对着干"，通常是因为大人说话的方式不对。如果大人不能做到理解和尊重孩子，那么大人说的话就可能不被孩子接受。很多孩子在发泄自己的负面情绪时，家长往往不愿意接纳，表现得很暴躁。

"我不想去上课，英语课太没意思了。"上线上口语课之前，孩子有些烦躁。家长说："什么没意思没意思的，一天就想着玩，哪儿有那么多有意思的事。"这样一说，孩子更抗拒了，就算是勉强上课了，在课堂上也会不开心，自然也影响学习效果。

如果家长说:"是吗?其实我也有这样的感觉。可能是上节课那个老师教的没意思,这节课换了一个新的老师,可能会很有意思。你还可以跟老师提要求,比如你告诉老师你想看一部动画片,或者让老师教你唱一首歌,这样就会有意思了。你可以掌握主动权,去试一试吧。"5岁孩子其实还是很好说服的,这样一说,他很容易就会动心。

当孩子表达不愿意的想法时,家长要做到以下几点:第一,要认真听他说;第二,要肯定他的感受,不要简单地敷衍;第三,提出一些孩子能接受的建议和方法。千万不要趁此机会开展思想教育,更不能把自己的不满情绪发泄到孩子身上。

"怎样你会觉得高兴"

两个孩子正在抢玩具,5岁的哥哥没有抢过2岁的弟弟,他很生气,大喊大叫之后,哥哥控制不住情绪,把弟弟推倒在地上。弟弟哇哇大哭起来,哥哥趴在床上生闷气。

妈妈过来问:"怎么了?""弟弟抢我的玩具。""玩具是你们两个的,不是你自己的。既然你没抢过他,那就让他先玩呗。等他不玩了,你再玩。你都这么大了,不知道让着弟弟,还把他推倒,这是不对的。"妈妈的话听起来很有道理,但是却无法让人心情好起来。哥哥本来就带有情绪,不但没从妈妈这里得到安慰,还要被动地接受后果,怎么可能开心呢,只会更加生气。

正确的做法应该是妈妈先放下批评,从孩子的情绪出发解决问题。

"妈妈知道你没得到玩具很不开心,那么告诉妈妈怎么样你会觉得高兴?"

"我想玩那个玩具,让弟弟玩别的。"

"但是弟弟才2岁,很多道理都没法讲。你生气了,他也不知道。就算你推倒他，他也不知道自己错在哪了。对不对？"这样一来，哥哥虽然仍然不高兴，但知道妈妈了解他的心情，就会思考妈妈说的话。

"所以无论怎么说，推人都是不对的。不如我们想个办法，让他把玩具主动还给你，怎么样？你有什么好主意可以吸引弟弟吗？"后来，哥哥很成功地用其他玩具换走了弟弟手里的玩具。

第二种解决方案中，妈妈首先认同了哥哥的感受，然后用别的任务转移他的注意力，就很容易缓解孩子的情绪，并且还不是生硬的转移。对5岁孩子来说，生硬地转移注意力，往往是很难成功的。

"有妈妈陪着你呢"

有时孩子不愿意去做某件事，可能是因为要做的事有难度，孩子有畏惧心理。那么如何让孩子勇敢地尝试，迈出第一步，如何让孩子拥有战胜困难的自信呢？除了孩子的天性之外，很大程度上需要家长的引导和沟通。

一个孩子在广场上玩，他看到一个爷爷带着六七个比他大一点的孩子在玩老鹰捉小鸡的游戏。他很想跟小朋友们一起玩，但又怕被扮演老鹰的爷爷捉到。

他对妈妈说："我想和小哥哥们一起玩，可是我怕被爷爷捉到。"

妈妈说："不用怕，爷爷一伸手你就赶紧往别的地方躲。"

孩子跑过去绕了一圈又跑回来说："哎呀，还是不行。我还是怕被捉到。"

妈妈说："被捉到也没关系。你让爷爷捉上三次，第四次你就知道该怎么躲了。"

孩子说："可是我不想被捉到，我不想失败。"

妈妈说："这不叫失败，这叫积累经验。去尝试吧，有妈妈陪着你呢！"

孩子终于鼓起勇气加入了游戏，不一会儿就玩得不亦乐乎。就算被爷爷捉到了，也忘了害怕，一直在开心地笑和叫。

对5岁孩子来讲，他们将会碰到人生中很多的第一次，第一次学轮滑、第一次上兴趣班、第一次独自上台表演……他们需要的最多的就是来自爸爸妈妈的支持和鼓励。"有妈妈陪着你呢"这句话给了孩子巨大的力量，让他们知道自己不是一个人在战斗，无论何时，都有父母做自己坚实的后盾。

5. 物质满足不能代替精神关爱

给予孩子的物质满足要适度

为什么有些孩子总是以自我为中心，自私自利，在家吃"独食"，在外"独霸"玩具？为什么有的孩子在家是老虎，威风凛凛、唯我独尊，在外是小猫，胆小怕事，什么都不敢碰？这恐怕和家长的过度满足有关。

现在的孩子物质生活十分丰富，有各种美味的食物、漂亮的服饰、新奇的玩具，更有上一代人小时候见都没见过的各种高科技电子产品。很多家庭都为孩子购买了平板电脑，没有平板电脑的孩子大部分也都在玩父母的手机。

小孩对这些电子产品十分着迷，一玩起来几个小时都不嫌累、不嫌烦。电子产品确实能让孩子高兴，还能将父母从无趣、疲惫的看护任务中解脱出来。但电子产品给孩子带来的负面影响也很大，它会影响孩子主动思考，还容易让孩子眼睛疲劳。可是很多父母管不了孩子玩手机、平板，"不给不行，一直要，不给就哭闹"，因此大人屈服了。

这和孩子要玩具、要零食是一样的情况，有些孩子看到任何自己感兴趣的玩具或想吃的零食，就一定要买。家长，尤其是老人，不想让孩子哭，就会赶紧满足孩子。

有一部分家长觉得限制孩子吃零食、玩玩具和玩手机是对孩子的残忍，"连一个玩具都不给买，一个冰淇淋都不让吃，孩子也太可怜了"。因为他们对孩子需求的认识还只停留在物质层面，看不到孩子真正的需求在精神上，总想用物质来满足孩子，却想不到物质永远填补不了孩子精神上的空缺。

5岁孩子需要大人陪伴，需要探索世界，需要掌握更多的知识和技能来武装自己，需要得到与同龄人交往的机会，需要得到所有人的尊重。而这些不是简单的物质能满足的。

如果一味用物质来满足孩子，凡事包办代替，孩子学习和成长的机会就会被剥夺，结果孩子失去了成长的土壤，成为物质的俘虏，成为各种技能上的"无能儿"。那么孩子就会出现自私自利、胆小怕事的个性特点，在家称王称霸、出门畏首畏尾。

一味给予不利于孩子独立

有个流传很广的笑话，说一位母亲独自带着儿子生活，把儿子照顾得无微不至，因此孩子什么都不会做。有一天，母亲为了生活不得不出一趟远门，可是她怕儿子自己在家会饿死，于是烙了一张很厚、很大，足够儿子吃五天的大饼，并在中间挖了一个洞套在儿子的脖子上，又在儿子身旁放了足够的清水，这才放心出门。可是五天后，当这个母亲回来时，儿子已经饿死了。原来他只把嘴巴前面的饼吃掉了，后面的都没吃。母亲很伤心、自责，怪自己没有告诉孩子前面的吃完了，把饼转个圈就能吃到后面的。

其实这个笑话一点都不好笑，只是用夸张的手法描述了生活中真实存在的一种育儿现象。上了大学却还不会剥鸡蛋壳，从来没洗过袜子，连洗衣机都没操作过的大学生并非没有。很多家长在照顾孩子的过程中极为细致，孩子不需要任何思考，父母全给想到了。一旦碰到新的情况，孩子完全没有解决问题的能力，因为他没有想办法的习惯，只习惯了伸手。

我们总是在想如何让孩子学习好，考上好大学，如何让孩子赚大钱，生活好，却往往连最基本的生存能力都没有教给孩子。如何谋生？怎么活下去？如何解决困难？如何应对压力？这不是课本里传授的知识，而是真正的生活才能教会的。

如果父母总是把孩子放在自己的羽翼之下，孩子习惯了依赖父母，认为一切都是理所当然的，那么当我们老了，头发白了，动作慢了，他还能依靠谁呢？

为人父母者，最怕的莫过于自己老了，而孩子却还没有长大。培养孩子自立、教会孩子生存比什么都重要，千万不要让你的爱培养出一个永远长不大的孩子。

6. 父母应如何尊重孩子

说到尊重孩子，很多家长都会觉得自己做得很好，很尊重孩子，买玩具、买衣服、吃东西之类的事情都让孩子自己选择，一些和孩子有关的事情也会和孩子商量。能做到这些很好，但仍然不够。我们说尊重一个孩子，应该像对待成年人一样，给予他真正的平等。在一些细节方面，我们大部分人做得仍然不够。

尊重孩子不分享的权利

比如，孩子在和其他孩子玩玩具的时候，不愿意分享自己的玩具。这时，一些家长就会说："宝宝你要会分享，把自己的玩具拿给小朋友玩。"当语言劝说无效时，家长就会动手把孩子的玩具分给其他孩子。他们在用行动为孩子示范分享的过程，这是孩子应该学习的，却不知道这对孩子来说其实是一种伤害，因为他们对自己的玩具有完全支配权。如果大人强制分享，那可能会造成孩子物权意识的混乱。因此，尊重孩子不分享的权利也是一些家长应该知道的。

尊重孩子犯错误的权利

有些家长总是一面教育孩子"自己的事情自己做"，一面代替孩子做很多本应该他们自己做的事情。有时是嫌孩子动作太慢，耽误时间；有时是怕孩子弄脏、弄乱了环境，收拾起来太麻烦；还有时就是因为习惯，想都没想就为孩子代劳了。这些行为背后的潜意识本质上都是怕孩子犯错误带来不良后果。

其实犯错误没有那么可怕，孩子就是在一个又一个错误和一次又一次改正中成长起来的，没有错误，哪有正确。犯错误是成长必需的经历，也是孩子应有的权利。

5岁正是孩子学习各种知识、技能的开始，孩子面临的一切都是崭新的、从未接触过的。要想让孩子懂得多，掌握得多，家长就应该树立一个新的观点——"给孩子犯错误的机会，犯错误越多代表积累的经验越多，离成功就越近"。

尊重孩子的负面情绪

很多家长平时很尊重孩子，但孩子的负面情绪一上来，家长的暴躁就跟着来了，批评、抱怨不断地冲出口。

比如孩子跟父母去别人家拜访，时间长了，孩子觉得无聊，闹着要走，父母就会说："你这孩子怎么这么闹人呢""你再发脾气我就收拾你了"。

再比如孩子第一次学滑冰，穿上滑冰鞋不敢站起来，甚至会说："这太难了，我一辈子都学不会。"父母会斥责孩子"你怎么这么胆小呢""这么悲观的态度不是小孩子应该有的，你应该乐观才对"。

其实这些语言不但不能消灭孩子的负面情绪，还会让孩子更加不开心。很多父母不喜欢孩子的负面情绪，不愿意出言安慰。对待孩子还不如对待一个不太熟的朋友。假如一个朋友对你诉说他的烦恼，"最近工作总出差错，总被领导批评"。你往往会安慰他说："可能是压力太大，也可能是方法不对。可以试着多跟领导谈谈……"你一定会设身处地替他想办法。所以，结果是成年人的负面情绪往往能得到理解，而孩子的负面情绪却总被父母忽略。

很多父母不知道尊重孩子也有情绪不好的权利，而在孩子发脾气时不自觉地跟孩子对着干。如果你真把他当成年人一样去看待，就一定会尊重他。

尊重孩子的节奏

有个孩子跟妈妈一起做手工，孩子用橡皮泥捏一朵花，已经花了很长时间。奶奶把饭做好后叫大家吃饭。妈妈告诉孩子赶紧去洗手吃饭。可是孩子手里的花朵还有一片叶子没做完。妈妈叫了好几声，孩子都没理她，专心地摆弄橡皮泥。妈妈很生气，大声地说："妈妈喊你没听见吗？奶奶已经做好饭，再不吃饭就凉了，赶紧去洗手！"孩子很不情愿地放下橡皮泥进了卫生间，嘴里还嘟囔着："我还没做完呢，就差一片叶子了。""谁让你磨磨蹭蹭，不快点做了！"妈妈训斥道。孩子又生气又委屈地说："我没有磨磨蹭蹭。"

对大人来说很容易做的事，对小孩来说因为不熟练和不太理解，可能要花很长时间才能做好。他们并没有磨蹭，也没有故意浪费时间，而是以他的节奏去认知他们眼中的新事物。家长要尊重孩子的节奏，只有在自己的节奏下稳步前进，孩子才能成长。

著名作家龙应台在《孩子，你慢慢来》中写了这样一段话："我在石阶上坐下来，看着这个五岁的小男孩，还在很努力地打那个蝴蝶结，绳子穿来穿去，刚好可以拉的一刻，又松了开来，于是重新再来，小小的手慎重地捏着细细的草绳。淡水的街头，阳光斜照着窄巷里这间零乱的花铺。我，坐在斜阳浅照的石阶上，愿意等上一辈子的时间，让这个孩子从从容容地把那个蝴蝶结扎好，用他五岁的手指。孩子你慢慢来，慢慢来。"

5岁的孩子、5岁的手指，能适应的就是他5岁的节奏。我们不要用自己的快节奏让孩子紧追，要等等他，和孩子一起慢慢长大。

7. 陪伴是对孩子最好的爱

舍得时间才是爱

现代人生活压力大，经济负担重，除了大富之家，普通家庭的父母都要出去工作。有些不富裕的家庭，父母甚至要离开家乡去很远的地方谋生。有一句网络流行语说："我双手搬砖，就没法抱你；我放下砖去抱你，就没法养你。"

为生活奋斗的家长总是左右为难，因此有些父母把年幼的孩子留给了年迈的老人。很多留守儿童的自立能力都非常强，他们小小年纪，洗衣服、做饭，什么都能做。这让人看到的不是赞叹，而是心疼。因为让孩子独立非常简单。很多老人只能勉强照顾孩子吃饱穿暖，至于孩子想什么，他们可能考虑不到。大部分留守儿童都缺乏安全感，晚上怕黑，不敢关灯，有的孩子甚至要大声唱歌，什么时候唱累了，什么时候就睡着了。缺少陪伴的孩子长大后内心也是孤独寂寞、脆弱、缺乏安全感的。

所以，尽管生活很艰难，如果可能，请尽量把孩子带在身边。电影《当幸福来敲门》中那个丢了工作、失去妻子的男人，生活极其潦倒，但从不曾抛下儿子，甚至流落街头、住进收容所时，他依然快乐地陪在儿子身边。5岁的儿子始终相信爸爸能实现梦想，因为在他心目中，他是最好的爸爸。最终，这个男人成为出色的股票经纪人，并且开了自己的股票经纪公司，成为百万富翁。

生活不是电影，不过这个电影改编自美国黑人投资专家克里斯·加德纳2007年出版的同名自传。每个成年人的生活都不容易，但无论怎样，请尽量和孩子在一起。

在孩子的眼中，只有爸爸妈妈的陪伴和爱，才是自己最骄傲的本钱，因为"我是爸爸妈妈最重要的人"。如果没有父母的陪伴，就算父母在外面给孩子赚一座金山银山，孩子也依然觉得自己是最可怜的、是不重要的人。

拒绝"假装陪伴"

有一些年轻妈妈刚生下孩子，为了照顾孩子，辞掉工作专门在家陪伴孩子。在这个生活压力巨大的时代，能做到为孩子辞去工作，是非常可敬的。但是她们常常浪费了和孩子在一起的时光。跟孩子在家时，妈妈在看手机；带孩子出去玩时，妈妈在看手机；孩子看手机时，妈妈还在看手机。与其说是陪伴孩子，不如说是陪伴手机。

少儿成长音乐节目《音乐大师课》中，8岁的王丞浩选择了一首歌曲《父亲》，并告诉他的音乐导师古巨基："我有一个秘密，我的爸爸是个'手机控'。"然后惟妙惟肖地模仿爸爸在家里玩手机的样子，他说："爸爸让我等一等其实就是不想陪我玩。"之所以选择这首歌，是因为他想让爸爸知道自己的愿望，就是希望像歌词中唱得那样，"多想和从前一样，牵你温暖手掌"。他只是想牵着爸爸的手慢慢长大。

陪伴作为最近几年最先进的教育理念已经为大部分家长所熟知，但"陪伴就是最长情的告白""我陪你慢慢长大，你陪我慢慢变老"这些本来温馨感人的理念，往往成了空洞的口号。父母和孩子在一起，玩手机的玩手机，玩玩具的玩玩具，没有交流，没有互动。走到外面也是一样，父母把孩子送进淘气堡，自己在旁边找个座位，"专心专意"玩手机。

这只能叫"假装陪伴"，不是真正的陪伴。真正的陪伴应该是：我读故事你来听，你躲猫猫我来找，大手小手一起搭积木、捏橡皮泥……空气中充满了孩子欢乐的尖叫声和爱的温馨。

给孩子高质量的陪伴

高质量陪伴要有交流，有互动

很多家长表示和孩子一起玩时，不知道玩什么，不知道怎么玩。其实主要还是对孩子的游戏不感兴趣。如果能接受孩子的游戏，不需要你来策划，孩子就能带着你玩很多有趣的事情。如果想在游戏中让孩子学习一些知识或技能，父母可以参考网上或书上的一些亲子游戏。5岁孩子能玩的游戏比之前又大大增加了不少，比如和孩子比赛拼积木，和孩子比赛拼图，比赛的形式可以大大增强孩子的兴趣。5岁正是竞争意识刚刚萌芽、处处想赢的时候。别小看孩子，5岁孩子拼积木往往在想象力和创造力上胜过成年人许多。玩拼图时，对于比较熟悉的场景，他们的小手极为灵活，速度不亚于家长。

陪伴不是坐在一边不动或你玩你的、我做我的，而是把自己真正当成孩子的"伴"，和孩子玩到一起去。

高质量陪伴要有关注，但不打扰

有的父母和孩子在一起时，总是像个监管员，一会儿说这样不行，一会儿说那样不行；要么就像指挥官，让孩子做这个做那个，"你别玩水，弄得到处都是水，一会儿我还得擦""你别趴地上，衣服都弄脏了"。陪孩子学习时也不停地挑剔，"你能不能不东张西望的""想啥呢？快看书，答案是什么""别摆弄没用的东西，放下"。陪吃饭时，"多吃几口青菜""快点吃，别说话""别撒到碗外面"。

孩子无时无刻都在被教训和被限制，总是不开心，甚至很抗拒父母的陪伴。而父母眼睛紧盯着孩子的"毛病""问题"，身也累，心也累，真是一种"双输"的陪伴。

真正的陪伴只要关注，不要打扰。不是说放任不管，只是适当地指导。孩子很多不对的细节、错误的地方，在一次次实践中他自己就能做出调整。

第四章

5岁孩子
认知的特点

5岁孩子对外部世界充满了探究的渴望，喜欢研究事物之间的联系、现象背后的规律等。与此同时，逻辑思维的发展，为他们之后的语言、阅读、数字概念、时空理解、科学探索等能力的发展奠定了良好的基础，更为系统学习文化知识做好了准备。

1. 逻辑思维萌芽

抽象逻辑思维萌芽

随着大脑的进一步发育，5岁孩子的思维水平有了很大的提高。他们的思维虽然仍是以具体形象思维为主，但抽象逻辑思维出现了初步萌芽，具体表现在，他们认识和探索新事物时，不仅能感受事物表面的特点，而且能将新事物与头脑中已有的经验进行对比、归纳和推理。当然，5岁孩子还处于直觉思维阶段，思维受事物的显著特征所左右，无法做到透过表面特征看清本质。

5岁孩子能够根据概念分类。4岁的孩子知道车、船、飞机都是交通工具，苹果、桔子、梨都是水果，但4岁的孩子往往不清楚"汽车"与"卡车"的关系，而5岁的孩子知道"汽车"包含"卡车"，"卡车"属于"汽车"的一部分，但"汽车"还包含其他种类的车。

5岁孩子喜欢提问题，而且他们提的问题比4岁时更加有深度。比如，4岁孩子喜欢问"哪个是好的？哪个是坏的？"当家长告诉他答案之后，他就不会继续追问。而5岁孩子会继续问："这个为什么好？那个为什么坏？"并且还会给出自己的推测。

5岁孩子对因果关系有了进一步的理解。他们知道为什么针会沉到水底，而火柴会漂浮在水面上："因为针是铁的，比较沉，所以会沉下去；火柴是木头的，比较轻，就会漂在水上。"而4岁孩子就不懂这种原理，他们只能从事物表面找答案："因为针比火柴细，还比火柴亮。"

以具体形象思维为主

5岁孩子对数字和简单的加法非常感兴趣，他们喜欢做计算题，还喜欢给别人出计算题，考一考别人。但他们在做计算题时，还需要借助实物。

比如，当问"我有8个香蕉，要分给2个小朋友，每个小朋友一样多，那么每个小朋友要分几个呢？"孩子通过分香蕉的过程可以正确地回答出来。如果问"4+4等于几"？他们马上会伸出手指计算。因为数字是属于抽象的概念，他们需要以实物的形象来提取数字的概念，进而得到答案。因此5岁孩子喜欢伸出自己的手指来计算。有时手指不够用，还要借用别人的手指。有些家长在教孩子算术时，不让孩子借助手指，希望完全依靠大脑来计算，这对孩子来说还是有难度的，因为他们的逻辑思维能力还不能做到完全脱离具体形象去思考。

而且很多5岁孩子会进行简单的加法计算，知道1+2=3、3+2=5，但是他们依然不会3-1=2、5-2=3这类减法，因为他们只能从左边推到右边，不能从右边推到左边，他们还不具备逆向思维的能力。

"十万个为什么"

5岁孩子的逻辑思维开始萌芽，他们对世界的观察更细致、思考更深入，因此更爱提问、更爱学习。他们的好奇心很强，头脑中有数不清的疑问，"为什么幼儿园要挂一个那么大的牌子""为什么小鸟在天上飞"……他们的思维十分活跃，喜欢探究事物的本质，探索现象背后的原因，并且他们也开始问一些抽象的、概括性的问题，"为什么因纽特人的冰屋房顶是圆形的呢""为什么孙悟空能看到妖怪,而唐僧他们只能看到小孩呢"……

面对这些古怪的问题,很多父母表示"吃不消",有些问题确实难以回答,这就需要父母的耐心和智慧了。有远见的父母不会立即给予答案,而是"让问题多飞一会儿",引导孩子打破砂锅问到底,自己寻找答案。

其实,孩子在提问题的时候也是学习兴趣最浓的时候,家长抓住这个时机,孩子将学习到更多的知识,更关键的是孩子的想象力、批判性思维及哲学的思辨能力都包含在不断地发"问"中了。

2. 语言能力突飞猛进

词汇量大增

"这真是一场精彩绝伦的表演""这简直是不可思议"这样的话经常从5岁孩子的口中说出。他们知道很多词汇,并且能运用得生动、准确、恰到好处。4岁时,孩子的词汇量大约有2000多个,到了5岁,他们的词汇量激增,翻了将近一番。

5岁的孩子可以完整、准确地叙述一个故事或一段经历,也能很好地表达对某人某事的看法。比如:"我今天和爸爸去游乐园玩了。我把玩具拿出来和小朋友们分享,但是有两个小朋友想把我的玩具带回家,那可不行。因为那是我的玩具,我只是把它们拿出来分享一会儿,并不是要送给别人……"

5岁孩子的逻辑思维有了很大的发展，因此他们能很好地运用关联词，这使他们的叙述听上去清晰而有条理。

语言呈现连贯性

3岁和4岁的孩子表达呈现出不连贯性，他们运用单个词和短句比较多，虽然不连贯，但配合丰富的肢体语言，别人也能听懂他们在说什么。

5岁孩子的语言不仅完整、清晰，而且是连贯的。他们很清楚自己想要表达什么，所有的话都会围绕着一个中心。有时，他们想解释一个行为，会说很多话，但你会发现，他们没有忘记自己的目的，最后，他们会扣上这个主题，告诉你"所以我才这样做的"。而年龄小的孩子就做不到这一点，4岁的孩子在跟你解释"为什么"的时候，也会说很多话，但说着说着他们就忘了自己为什么要说这些，不由自主地就说到其他话题上了。

这是因为5岁孩子的记忆力有所增强，他们不会那么轻易忘记自己想说什么，而且他们能选择更加准确的词语来表达，进一步强调叙述的目的。

语言理解能力增强

3岁孩子没听到妈妈的叫喊，妈妈生气地说："你没长耳朵吗？"小朋友会认真地指着耳朵说："我长耳朵了呀，你看。"但5岁孩子就不会，他们能理解许多"言外之意"，大人含有讽刺、责备意味的反话会导致他们不开心，甚至是愤怒。

比如，有的孩子晚上不睡觉，妈妈生气了，说："那你就别睡了，这一晚上都别睡。"3岁孩子以为妈妈同意自己玩，可以不睡觉了。但5岁孩子知道妈妈这是气话，他们也会很生气地说："我才不要一晚上不睡呢，我只是想再玩一会儿。"

有的大人常常嘲笑孩子，三四岁的孩子不太能理解，但5岁孩子能听懂。比如，孩子挑食，妈妈说："别人什么都吃，就你这不吃，那不吃，你是不是神仙啊，不用吃饭就能活着，你是超人奥特曼吧。"虽然孩子平时很喜欢奥特曼，但听到这样的话，仍然会不高兴地大声反击："你才是神仙，你才是奥特曼呢，我就是不想吃鸡蛋。"

5岁孩子语言理解能力的增强，让父母与他们之间的交流更加顺畅，但父母一定要注意，应尽量避免使用挖苦、嘲讽的语气。这类语言属于冷暴力，对孩子的伤害是隐形的，其影响深远，而且这种语言暴力会传递给孩子，长此以往，孩子也成为一个动不动就出口伤人的人。别人会觉得这孩子牙尖嘴利、缺少"口德"，不值得交往，对孩子未来的社交和生活都会产生负面影响。另外，这种语言暴力也是父母不尊重孩子的一种表现，对孩子的教育缺少科学的方法，不但简单粗暴，甚至有恃强凌弱之嫌。

话极多，表达欲极强

5岁孩子还有一个特点就是"话多"，其实很多4岁孩子已经开始有这个特点了。他们几乎会一刻不停地说，如果你不出言制止，甚至很难插进一句。很多家里有5岁孩子的父母对此都深有感触，孩子话多得让人头疼。

很多父母管孩子叫"话痨""话匣子"，并且担心孩子如此爱说话，性格是不是太过于浮躁，不够沉稳。其实这是多虑了。5岁孩子喜欢说话是他们语言能力发展中的一个普遍现象，此时，他们需要大量的实践活动来练习刚刚习得不久的语言能力。等他们完全掌握了语言运用的规律，能像大人一样交流时，他们就不会说那么多了。

家有爱说话的孩子，父母不要嫌吵闹、嫌烦。爱表达是孩子的一个优点。只有孩子多说，我们才能知道孩子在想什么；只有孩子多问，我们才能知道孩子的疑惑是什么。父母不仅不要嫌烦，还应鼓励和表扬孩子，"你这个问题提的很好""这个问题说得不太清楚，你再好好想想你到底想问什么""你这个词用得很准确"……这样，孩子的表达能力会越来越强，表达技巧也会越来越熟练。从小就拥有一副好口才会让孩子长大后更容易取得学业和事业上的成功。

语言发展的个体差异

很多 5 岁孩子可以滔滔不绝、长篇大论，但也有一些孩子说话颠三倒四、前言不搭后语。很多 5 岁孩子爱说话，像小鸟一样叽叽喳喳不停，但也有一些孩子不爱言语，相对比较沉默。

个体差异总是存在的。不那么爱说话的孩子也并非不正常，说话少不代表他们不会说，更不代表他们不思考。说话不太连贯、前言不搭后语的孩子，家长也不要焦虑。这些都和孩子抽象思维能力的发展、家庭环境的影响等有很大关系。

对于语言能力不强的孩子，父母要给予更多的宽容、鼓励和支持，让孩子乐于表达、乐于交流。此外，多和孩子一起读书、聊天、讨论问题，孩子的语言能力自然会得到提升。

3. 阅读兴趣浓厚

符号敏感期持续

所谓符号敏感期，就是在一段时间内，孩子突然对字母、数字、汉字以及各种标识产生兴趣，并极为关注。通常这个时期是4岁或5岁。

当然不是所有孩子到这个年龄都会突然对这些标识感兴趣。比如，有些孩子从3岁开始对数字特别感兴趣，走在街上，看到公交车来来往往时，他都要读出来是几路，甚至读出车牌号，但对其他的符号没有兴趣；孩子学了两年英语，会说一百多个单词，却一个单词都不认识，26个字母也认不全；孩子一直到5岁还对汉字没有任何感觉。

还有些孩子不到3岁就对字母非常感兴趣，早早就认识26个英文字母，对字母的兴趣就像其他孩子对汽车和恐龙的兴趣一样；他对数字和汽车品牌logo也很敏感；但对汉字没有什么兴趣。

只要细心观察，家长就会发现在某个时期，大部分孩子最开始都是先对汽车品牌logo、交通标识这些相对比较具象的图案产生兴趣，然后才开始对数字、字母、汉字产生兴趣。

很多不爱阅读的孩子，也会对自己熟悉的某些文字感兴趣，比如他们发现别的地方有他们名字里的字，会兴奋地告诉家长："妈妈，这不是我名字中的'天'字吗？"这就说明孩子进入了符号敏感期。父母可以趁这个机会，开启孩子的识字之旅。不过四五岁的孩子仍然比较年幼，如果用枯燥的书本或识字卡引导他们识字，可能会使他们产生抗拒心理。

以游戏的方式识字更为合适。有的识字图书详细讲解了每个汉字从甲骨文开始演变的历史，最开始的甲骨文都是象形文字，介绍给孩子最合适不过，这些图像有助于孩子对汉字的理解和记忆。有的家长用手机游戏帮助孩子识字，把识字当成游戏任务，在剧情的引导下，带领孩子"过五关，斩六将"，认识一个个汉字。这种方法也是可取的，只是要注意控制手机的使用时间不要过长，以免伤害孩子的视力。

阅读兴趣浓厚

5岁孩子无论是记忆力还是理解力都比以前有了很大的提高，而且他们还认识很多汉字和符号，因此对阅读的兴趣也就变得更强烈。

3岁孩子看图画书，能说出画的是谁，他在干什么。4岁孩子在看图画书时，不仅能说出图画中的人物都是谁，做了什么，还能说出他们动作发生的先后顺序。到了5岁，孩子对图画书的理解更加完整和深刻，这也是他们比小时候更愿意看书的原因之一。他们通过画面能猜测大部分故事，因此，可能会迫不及待地要大人读给自己听，以便来印证自己的猜测，以及了解自己没看明白的地方。

通过父母的阅读陪伴，有的孩子不仅能理解图画书的故事，体会故事的思想感情，还能表达自己的意见。有的识字多的孩子可能会开始自主阅读。这些自主阅读的孩子专注力也会更长一些，当然我们不提倡为阅读而让孩子刻意多认字，也不认为孩子认识了字就理解了意思，更不能因为孩子能自主阅读了，父母就不再陪伴阅读。无论如何，亲子阅读都是值得我们每个家庭去坚持的，它不仅能增进亲子感情，对孩子阅读兴趣的培养也会有深远的影响。长大后的孩子也许还记得妈妈曾经的陪伴、妈妈讲的某个故事，这是多么温馨的时刻。

如果孩子不喜欢阅读，父母应反思自己是否以身作则，是否每天都在看书，是否有亲子阅读。另外，在外面看广告牌、看标识、看海报……对儿童而言，都是阅读，父母可以从这些方面培养孩子的兴趣。如果孩子不喜欢认字，就不要强迫他，仍然读图就好。如果孩子不会编故事，可以用问题和联想去启发他。

孩子的阅读能力发展不一致，有的5岁孩子可能还做不到自主阅读，这没关系，因为阅读能力是因人而异的，只要我们坚持给孩子阅读，孩子总有一天会有突破。正如专家一再指出的，孩子的发展并非线性的，而是爆发性和螺旋形的，所以当家长看到孩子没有任何进步时，不要怀疑他正在慢慢积蓄力量，坚持就好，不要因为一两次看不到任何效果，就轻易放弃。

男孩女孩不一样

孩子在阅读上存在明显的性别差异。通常男孩在阅读过程中表现得比较被动，注意力的持续性、稳定性不够，不能专心于阅读。他们喜欢边游戏边阅读，喜欢从整体上把握材料而不拘泥于细节。通常男孩喜欢阅读以物为定向的书籍，如工程车、恐龙、飞机、坦克等主题的图书，对太空等也很感兴趣。女孩喜欢阅读以人为定向的书籍，如公主和王子、小红帽等题材的故事。女孩相比男孩会更专心、安静、服从，能关注细节，也能跟随大人完成阅读任务。

如果觉得自己孩子的阅读面太狭窄，家长可以适当引导，帮助孩子拓宽阅读范围，但不能强迫孩子读不喜欢的书，也不要贬低和嘲讽孩子的兴趣。

男孩在阅读时，可能不会像女孩那么专心、安静，他们即使看书也放不下自己的玩具，总是一边看书，一边游戏。这时家长不要过于苛责，无论如何，阅读都不是短期能养成的习惯，只要孩子乐于打开书本就是值得肯定和鼓励的。

4. 数理能力有所发展

对数字的兴趣大大提升

有的孩子在5岁之前没有接受过数学启蒙，甚至没有刻意学过数数。在3岁或4岁时，数到29、39之后不知道下面的数字是什么，到了5岁，依然没有人刻意教，但他们自己就能数到100，甚至更多了。这是因为他们的逻辑思维大大发展了，对数的概念理解得更深刻了。他们知道数字代表着物体的数量，但年龄小的孩子并不知道。有些大人很惊奇自己的2岁、3岁孩子能数到100甚至200，便以为他们会数数了。其实他们只是会"背数"了。但5岁孩子不一样，他们已经能理解10以内数字的加减了。

当他们发现数字有着奇妙的规律后，便会很着迷。有的孩子每天都会乐此不疲地数好多遍从1到100，甚至到1000、10000。当然，数过100时，他们通常会把过程简化，"100、110、120、130、140、150……"。还有的孩子在幼儿园学习了5由1和4组成或由2和3组成等数字分成后，他们就喜欢做10以内的加减法，经常出题考别人，对算术兴致盎然。

这时是带领孩子进行数学启蒙的好时机。可以用游戏的方式多让孩子练习他理解范围内的算术题。不建议教授孩子超出他理解范围的数学知识，因为逻辑思维如果还没发展到那个程度，说再多孩子也不能理解，反而会让孩子产生挫败感和厌烦情绪。

对时间和空间的感知

如果你问一个 3 岁孩子星期六之后是星期几，他会回答是星期七，在被告知正确答案是星期日后，再问他星期日之后是星期几，他会回答星期八，而 5 岁孩子一般不会这样。5 岁孩子不仅知道一个星期有七天，星期六之后是星期日，星期日之后是星期一，还知道每个星期都是这样重复的。

5 岁孩子还知道一年有四个季节，春夏秋冬，这四个季节是轮流更替的，还知道四季中大自然的主要变化。他们能记得自己几点上学、几点放学、几点吃饭、几点睡觉，也知道星期二有自己喜欢的体育课，星期五有英语课，星期一早上吃甜甜圈，星期三晚上有水饺。时间在他们的头脑中与生活紧密相连。

但他们不知道现在是几点，也不会看钟表。跟他说现在是几点几分，他也不太清楚到底是上午，还是下午或晚上。他们知道恐龙生活在远古时代，在很久很久以前，但他们其实并不理解时代的意思，甚至还会问"古代在哪里"这样时空混淆的问题。但他们对钟表充满了兴趣，甚至会根据最短的针说出正确的几点。

5 岁孩子对方位的理解很好。前、后、左、右、上、下，这些位置能判断无误。他们去熟悉的地方从不会迷路，有的孩子去陌生的地方两三次就能记住大致的路线和位置，路感非常好。有些 5 岁孩子因为经常玩拼搭积木，所以空间方位感也很好，当他们看积木的图纸时，能根据平面图纸上积木块的形状和颜色拼搭出正确的立体模型。

5 岁孩子还特别喜欢玩迷宫类游戏，迷宫中的上下楼梯、穿山洞等难题对他们来说小菜一碟。他们甚至还喜欢自己动手画路线图、藏宝图等。

对形状、量的守恒的理解

圆形、正方形、三角形、长方形、椭圆形、半圆形、心形、星形、菱形，这些形状很多3岁甚至2岁的孩子都认识，他们甚至认识圆柱体、圆锥体等。5岁孩子不仅认识这些，还能理解正方体有6个面，并且6个面是大小相同、两两对应的关系。有的5岁孩子还知道正方形和长方形能分割成两个三角形，知道一个圆由两个半圆组成。他们对立体图形的理解可能来自平时拼搭积木的活动。

对于量的守恒，5岁孩子的理解能力有了很大的提高。瑞士心理学家皮亚杰提出：尽管物体的外表形式有所改变，但物体的性质并未改变，这就叫作量的守恒。这一概念经常用来测试儿童的逻辑思维发展程度。比如将10个苹果排成两排，一排3个，一排7个。再将10个苹果排成2排，每排5个。5岁的孩子知道无论怎么排，总数都是10个。但年龄小一些的孩子会认为第1种排法的总数比第2种多。

每个5岁孩子的数学能力都不一样，不必因为你的孩子表现得不如其他孩子，就焦虑和担忧，也不要想通过反复讲解和练习让孩子掌握他不明白的数学原理。如果逻辑思维能力还没发展到那个程度，任何方法和努力都是徒劳的。如果孩子只能明白5以内的加减法，却总是不理解10以内的加减法，不要强求，等他自然发展，也许再等几个月，你一讲他就懂了。最重要的是保持孩子的兴趣，带他玩空间游戏、分类游戏，比如走迷宫、找不同等，这些都能帮助孩子发展逻辑思维能力。

5. 科学兴趣明显加强

"不干正经事"

我们每个人都有梦想，在不同年龄、不同阶段可能会有不同的梦想。有句歌词说得好："有梦想谁都了不起。"是梦想让我们的人生变得更有意义。有的人会把十几岁时的梦想牢牢记住，并一直为之而奋斗，直到梦想实现，也有人总会萌生不同的梦想，直到年龄很大之后才知道自己究竟想要的是什么。不过很多人在小时候都曾有一个伟大梦想：当科学家。这几乎是每个人小时候都曾梦想过的事情，这个小时候的年龄大约就是5岁了。

5岁，是孩子对世界、对自然怀有强烈好奇心、有旺盛求知欲的年龄，也是科学启蒙的最佳时期。5岁孩子做的很多事情其实都是科学探索行为，只不过爸爸妈妈没仔细想过。比如5岁孩子可以认真地蹲在树下观察蚂蚁半个小时，或观察雨后树叶上的蜗牛，这和昆虫学家的观察同样重要；5岁孩子会把家里的闹钟或遥控器拆开，研究里面的结构，再想办法重新装上，虽然几乎不会成功，但这和工程师修理、测试机器的过程很相似；5岁孩子还会拿着磁铁到处吸，看看磁铁到底能吸住什么，哪些东西是铁做的……其实这些都是对科学的探索，但在很多父母眼里，这些行为就是"破坏东西""浪费时间"。他们觉得这些都是玩耍，属于"不干正经事"，只有多识几个字、多认识几个单词、多做几道加减法才是正经事，才是通往未来科学的路。这真是大错特错了。生活本身就是科学，语文、数学、物理、化学、生物等学科，只是把隐藏在生活中的科学规律提炼出来，系统地归纳成了一门学科。孩子热爱生活与热爱科学是相辅相成的。

科学并不遥远

有的家长一听给 5 岁孩子做科学启蒙，就觉得不可能。他们认为 5 岁孩子无法理解科学知识。其实，这是对 5 岁孩子的不了解。只要运用适合的语言和方法，选择适当的知识点，5 岁孩子对一些简单的科学知识完全可以掌握。

比如，有个刚刚 5 岁的小孩，有一天跑过来对妈妈说："妈妈，把杯子倒满水，它的表面会鼓起来，就算扔进去一枚硬币，水也不会流出来，你知道这是为什么吗？"妈妈一时间没反应过来，就顺着他的语气问："这是为什么呀？"孩子认真地回答："因为水在表面形成了张力，你知道这叫什么吗？"妈妈说："叫什么呀？"孩子说："这就叫表面张力呀！"妈妈感觉很惊异，问他："你从哪里知道的？"孩子说："我看动画片里面说的。我刚才在卫生间里还做了实验呢，是真的妈妈，水面真的是鼓起来的，不信你过来看。"说完拉着妈妈就去卫生间，把这个实验又做了一遍。后来，孩子在用勺子喝汤时，还对妈妈说："妈妈你看，表面张力！"

这说明很多我们觉得可能很深奥的知识，其实对孩子来说很容易接受。他们也喜欢做实验，喜欢自己去验证刚刚听说的某个现象或原理。科学并不遥远，它和孩子的生活紧密相连，而且作为一个现代人，孩子的科学素养应该从小培养，这不仅能为他们日后的学习打下基础，也能让他们拥有科学常识和科学的态度。

如何培养 5 岁孩子对科学的兴趣

大部分孩子都会在生活中表现出对自然和世界的好奇，但很多家长却不知道如何引导。有的家长给孩子讲一些枯燥或过于深奥的科学原理，反而把孩子的兴趣打消了，把科学推到离孩子更远的地方。那么家长应该如何呵护、培养和引导孩子对科学的兴趣呢？

第一，可以用家里就有的简单的东西跟孩子讲科学。比如水，把水放在炉子上加热后，水能变成气态的水蒸气，把水放进冰箱冷冻后，水能变成固态的冰块。通过这些简单的操作，可以让孩子了解物质有三种形态，也可以延伸开讲一讲关于温度的知识。

第二，可以让孩子观看一些科普动画或科普视频，以及一些与大自然相关的非常优秀的纪录片，这些都能很好地吸引孩子。如果不想让孩子看太多动画，就用科普绘本来代替。5岁孩子对科普绘本总是兴致盎然。

第三，可以带孩子去参观动物园、植物园、博物馆。让孩子近距离地观察那些出现在书上、屏幕上的动植物。父母也可以关注一下这些地方的活动，当举行有解说员的展览或适合儿童的科学活动时，可以带孩子去参加，这会让孩子更加喜欢科学。因为他们觉得科学就是玩，玩各种奇妙的东西。

第四，网上有很多可以做简单实验的工具箱，可以买一套，一般都包含几十甚至上百个小实验，科学原理和实验步骤通常都会在说明书里写得很清楚，方便家长们给孩子讲解。

6. 艺术能力全面发展

绘画能力

4~6岁的幼儿绘画从涂鸦期、象征期发展到了形象期，也就是说孩子开始运用图形和线条有意识地塑造形象了。很多5岁孩子画人时，不仅有头和脚，已经能看到头发、躯干、四肢以及五官了。女孩子会给人物画不同的服饰，上面还有扣子、口袋、花纹等。5岁孩子所画的人物甚至已经有了明显的角色特征，比如他们笔下会出现老师、警察、司机等社会角色。有的孩子已经能画出四肢不对称，呈现出某种动作的人物。

5岁孩子已经有了一定的构思能力。在绘画之前，他知道自己想要画什么，然后会按照这个目标去画，画完之后还能完整地讲出他的想法和他画的每样东西，以及为什么要这样画。5岁孩子的绘画很有美感，这是因为他们能做到均匀涂色。他们能基本控制手的动作，顺着形象的轮廓，用方向一致的线条均匀地涂色，不留空白，不出边。除了延续他们丰富的想象之外，他们还想画一些他们见过的事物，并在纸上还原事物客观存在的颜色。

这个年龄段孩子的绘画往往带着拙朴而天然的童真，从艺术的角度看大多是很棒的作品。建议不要在这个时候给孩子灌输绘画的技法，更不要要求孩子按照某张图以"像"为标准去临摹，这些都会扼杀孩子天然的想象力和创造力。

音乐能力

大多数5岁孩子都愿意独自面对大家演唱了。他们唱歌时在音准把握的能力上，比之前有了一定的进步，一般儿童都能基本唱准音高，歌词也记忆得很好，节奏方面也不错，只是在音准方面的差错比较多。不过，5岁的孩子在幼儿园日常和演出中积累了一定的歌唱经验，他们会较多地注意到声音表情上的整体协调性。大部分孩子都能在歌唱时伴随一定的舞蹈动作，能产生较多的情感默契和共鸣。如果幼儿园教授这些知识，很多孩子都能掌握独唱、对唱、接唱、领唱、齐唱、轮唱以及简单的二声部合唱。

在舞蹈方面，5岁孩子可以比较灵活地根据需要改变上肢和躯干的动作速度和幅度；可以做出比较复杂和更加协调的联合动作；部分孩子，特别是女孩子还会主动追求姿态和动作美，并能做出对自身动作更细致的调节。5岁孩子喜欢和同伴一起跳舞，他们能够完全不借助语言而迅速地找到共舞的伙伴，能够对人有一种宽容的态度，不挑剔、不拒绝任何邀请。有些孩子甚至还能学会一些最基本的舞蹈语汇和创编舞蹈的基本方法，使用较丰富的动作语汇和较有结构的表现方式。

很多5岁孩子都热爱音乐，他们喜欢听音乐，不但能听出音乐的音区、速度、力度、节拍和节奏型的变化，还能够听出乐段、乐句之间的重复和变化；不但能够听出音乐在情绪性质方面的差异，还能够听出某些明显的风格差异。他们也有自己的偏爱和喜好。比如大多数孩子喜欢听清脆、悦耳的童声或女声，但不太喜欢浑厚低沉的男声。不过孩子的喜好受环境的影响很大，如果爸爸经常用男中音或男低音唱歌，孩子也会喜欢男声。

父母可以为孩子创造多音乐的环境，尝试用多种音乐丰富孩子的感受力，当然首先要尊重孩子的选择，不强迫他听不喜欢的音乐或歌曲。

手工能力

5岁的孩子已经能够用橡皮泥捏出一些小动物的形态，虽然还达不到惟妙惟肖的程度，但动物的基本特点能明显地分辨出来。有的孩子还能用橡皮泥捏物体来表现有情节、有故事的场景。比如捏一个奥特曼，再捏一个小恐龙，组合成奥特曼打怪兽的情景。

5岁孩子的手还不能达到非常灵巧的程度，但是他们喜欢捏橡皮泥的那种感觉，喜欢用这种方式表达自己喜欢的角色和故事，家长可以经常和孩子一起玩，这不但能增进亲子关系，也能锻炼孩子的手部灵活能力和创造能力。

体现5岁孩子手工能力的活动是折纸、剪纸。5岁孩子能折出比较复杂的东西，如小汽车、小狗等。他们还能剪出热带鱼、轿车这样形状复杂轮廓曲折的形象，剪出的边缘也比较光滑匀称。他们还能准确、适量、均匀地把糨糊抹在折纸或剪纸图案的背面，然后用干净的手掌或布盖在图形上轻轻按压；但掌握不好黏贴顺序和位置的事还时有发生。

第五章

5岁孩子的
管教方式

在养育5岁孩子的日子里,父母总会遇到一些意想不到的麻烦或是棘手的问题,应该怎么解决呢?是喋喋不休的说教,还是大吼大叫的命令?其实,每一个孩子都是美好而与众不同的个体。父母只有真正理解孩子的行为,才能给予他们正确的引导,才能享受到一段幸福的亲子时光。

1. 爱需要正确表达

积极关注孩子很重要

在心理学的研究中，我们发现孩子在成长历程中会有种不顾一切要获得关爱的情结，对于这样的需求，我们不能带着任何道德标准来加以批判，而应理解这是一种理所当然，并帮助孩子去面对这种心情，以免孩子过度在意别人的评价与眼光，而感到焦虑和痛苦。

有些家长认为应该培养孩子不在意他人的评价和眼光，不以物喜、不以己悲的素质。这种想法固然是好的，但如果以这些来要求一个学龄前儿童，显然是不现实的。很多成年人都缺乏不在意别人的评价的独立人格，不断在微博、朋友圈刷存在感，看谁关注了自己，谁又给自己点了赞，更何况一个孩子呢？孩子的人际圈非常窄，他们的大部分需求就是希望父母关注自己、爱自己，希望自己时刻成为爸爸妈妈的目光焦点，受到表扬和鼓励当然好，就算受到批评和责骂也比不闻不问强。

孩子的很多让人头疼的行为举止都和这种心理需求有关。叫他向东，他偏向西；越叫他少玩游戏，他越是抱着手机不放；如果不理解孩子"不良"行为背后的心理需求，一味地生气，吼孩子甚至动手打孩子，结果就是孩子会更加不听话和父母对着干。

我们总说孩子和父母是平等的，但很少有父母能做到有问题时多和孩子沟通，大多只会发出命令和要求，其实"求关注"的孩子，需要的是陪伴和鼓励。陪孩子不要分心，不要同时玩手机、看电视，这样的陪伴没有意义，孩子也不买账。父母不妨将陪伴视为"投资"，多花点时间陪孩子，从小把孩子理顺了，今后能给你省不少心，更有可能给你意想不到的惊喜。

一位妈妈说，她每次一给孩子的姥姥打电话，5岁的女儿就在旁边大声喊"妈妈"，还要抢手机和姥姥讲电话。平常，妈妈一般会坚持先把重要事情说完了，再把手机递给孩子。有一次，她忽然意识到，孩子可能是在寻求关注，而自己一次又一次的不理会反而让孩子感觉自己不重要，没有存在感。所以这次她决定先安抚女儿，让孩子先和姥姥通电话。女儿很快就平静下来了，随后还说，回家要跟姥姥学做晚餐给妈妈吃。回到家，孩子真的协助姥姥做了很多事，炒蛋、做汤面、炒豆角。妈妈搂着孩子说："很感谢宝贝给妈妈做的晚餐，这就是懂得关心人的行为哦。"孩子很开心，滔滔不绝地分享她在幼儿园的开心事，而妈妈这次也没有像平常一样看着手机，而是看着她的眼睛认真听她说。等妈妈吃饱饭，走到客厅时，发现女儿居然给她倒了水，精心摆了饭后点心和水果等着她。妈妈坐在沙发上看书，不一会儿，女儿送来一幅画，有大海，有房子，有太阳，还有一条快乐的小鱼。这位妈妈感慨到："女儿很久都没这么乖了，看来只有孩子感觉自己受重视，感觉好的时候，表现才会更好啊。"

我们说有什么样的父母就有什么样的孩子，孩子都是有样学样，他着急的时候，父母要冷静，温和坚定地帮助孩子静下来，你若比孩子还着急，其实是在给孩子做坏的示例。所以，父母在责怪孩子不争气时，不妨先扪心自问自己做得是否合格。

爱不能讨价还价

什么是有条件的爱？在成人的世界里，绝大部分爱情都建立在一定条件之上，如果你是优秀的，我就爱你；如果你是美丽的，我就爱你；如果你是温柔的，我就爱你；反之，我则不爱你。这似乎也没什么不对，难道一个人平庸、丑陋、暴戾、不上进，我还要爱他吗？我们当然不愿意爱这样的人，也有权利不爱这样的人，最好离得远远的。成人世界的爱通常是附带条件的，这样是对的还是错的，我们这里不做分析与评判；但亲子之爱，则不应该是有条件的。孩子是生命赐予的礼物，我们应当无条件爱他。从法律意义上讲，我们有抚养和爱孩子的义务，也必须无条件爱他。

有人说：" 我们当然是无条件地爱孩子了，谁也没图什么回报啊。" 这可不见得，你的想当然未必是孩子的感受。我们经常对孩子提出爱的条件而不自知。" 你再这么不听话，爸爸就不喜欢你了！" " 你再这么调皮捣蛋，就把你送人了！" " 你再不好好吃饭，我们就不管你了！" 这些话有没有听起来很熟悉？

有人又会说：" 这样说也不代表我们的爱就是有条件的爱，这只是为了规范孩子的行为，为了约束孩子，并不会真的不爱孩子，恰恰是因为爱才会这样说啊。" 但是这不过是大人一厢情愿的想法而已，孩子听进耳朵里，记在心头的可是另一种想法。

一位妈妈陪孩子一起看电视，电视剧里父母和孩子在快乐地玩耍，其乐融融的氛围感染了孩子，孩子仰起小脸问妈妈："妈妈，你爱我吗？" 妈妈说："我当然……" 话说到一半突然想到孩子的作业还没写，于是改口说："如果你能按时完成作业，妈妈就爱你。" 孩子听了妈妈的话，马上跑去写作业。妈妈为自己的办法即刻奏效而感到高兴。

又一次，妈妈带女儿逛街，女儿看到一个芭比娃娃，说："妈妈，你不是说过给我买一个芭比娃娃吗？" 妈妈想起来自己确实说过，于是说："你如果'六一'演出能好好排练，妈妈就来给你买。"女儿想想点头答应了，但离开的时候，眼神中充满了失望。

"宝贝，把你的房间整理一下。""整理好了，我能多看一集动画片吗？""你能帮妈妈把衣服晾到衣架上吗？""可以，不过你要给我买一个小魔女的发卡。"渐渐地，妈妈发现孩子学会跟她谈条件，力所能及与分内之责任也成了交易的条件。

很早以前，有人提出这样一个问题："当家长的爱取决于孩子的行为时会产生哪些结果？"心理学先驱卡尔·罗杰斯回答："作为这种爱的接受方，孩子会唾弃自己不受珍视的那部分，最终他们会认定自己只有以某种特定方式表现（思考、感觉）时才是有价值的。这从根本上说是导致神经机能病的途径，或者更糟。"爱尔兰儿童健康署曾发表了一篇世界范围内流传较广、影响较大的文章，其中列举了儿童养育的十大"情感虐待（冷暴力）"模式，其中排在第二位的就是"有条件养育，即对孩子关心的程度以其行为或表现为条件"，第一位的是"对孩子的不断指责、挖苦、敌意或责怪"。

美国丹佛大学的一组研究人员发现：感觉自己为得到家长认可而必须达到某些条件的青少年，最终会变得不喜欢他们自己，相应地会导致其在进入青春期后创造一个"假我"，换句话说，装扮成一个家长会爱的人。这种为赢得认可铤而走险的绝望做法通常伴随着抑郁和无助，会导致其与真正的自己失去联结。

爱是无条件的

什么是无条件的爱？无条件的爱有这样几个特点：

1. 不求回报，无索取

当我们无条件地爱孩子时，我们只在乎孩子是否幸福快乐，并不在意能否获得孩子的回报，但不等于我们毫无所得——因孩子幸福快乐而感到幸福快乐，就是我们的所得。

2. 爱他本来的样子

我爱孩子仅仅是因为他是我的孩子，和他聪不聪明、乖不乖巧、听不听话、闯不闯祸、认不认真、优不优秀没有关系。

3. 对差异的包容

无条件的爱让我们能够包容对方天生的性格特质，不因自己的喜好而选择性接纳。我们不会因为自己喜欢安静的孩子，就努力把自己活泼好动的孩子"扭转"为安静的个性。

很多父母觉得，自己即使生气，对孩子的爱也是不变的，并不会因为孩子不优秀就不爱他了。一个对孩子很严苛的父母如果说"为了孩子，我什么都愿意做，甚至愿意为他去死"，这话我们也完全相信。但问题是孩子会相信吗？他们心中的爱是关怀、安慰、支持、陪伴、回应，而不是训斥、责骂、惩罚，不是以符合条件的行为作为筹码才能获得表扬、鼓励、礼物等，更不是要你为他付出生命。

爱的需求是奠定孩子人生底色的需求，孩子只有体验了足够的爱和满足，才能慢慢建立起对自己和世界的肯定。

父母的任务不仅是要无条件地爱孩子，而且要让孩子时时刻刻体会到这份爱，踏踏实实拥有这份爱，在任何情况下都坚定不移地相信这份爱。

说起来，无条件的爱在现实中真的很难做到，主要是父母的思维方式很难转变。需要做什么转变呢？从习惯性思考"我如何能让孩子听我的话"转变到"我的孩子需要什么，我如何能满足这些需要"的思考。怎么转变这种思考，我们可以再次回到前面讲过的"不关注，就捣蛋"这一小节的内容去理解。美国教育家简·尼尔森说过："最惹人讨厌的孩子，往往是最需要爱的孩子。""孩子最喜欢爱他的人，也只有爱才能培养他，当孩子看到并感觉到父母对自己的爱的时候，他会努力听话，不惹父母生气。"关注孩子内心的真实需要，并努力满足，孩子无须任何条件就会变得可爱。

2. 透过现象看本质

孩子为什么撒谎

我们不喜欢孩子撒谎，因为撒谎是一种不道德的行为。每当发现孩子说谎，很多家长的反应是相当激动。其实，5岁孩子撒谎是很普遍的阶段性行为，不必大惊小怪。

其实换个角度看待这件事，我们想一想，为什么孩子到了四五岁时，撒谎的现象开始频繁出现？为什么3岁的孩子几乎从不撒谎？略微思考一下就可得知，撒谎是需要一定智力的活动，3岁孩子的智力发展还不足以完成这个"高难度"活动，而四五岁的孩子心理和智力更加成熟了，他们开始思考如何让自己达到目的，于是撒谎的行为就产生了。

对学龄前儿童来说，他们的道德体系还没有完全建立，是非观也没有完全形成。他们只知道撒谎就可以达到自己的目的，却不知道撒谎是属于不道德的行为，是不应该做的事情。所以我们看待孩子撒谎这件事，就不能上升到道德的层面去评价。

从儿童发展的科学角度来看，撒谎是孩子成长路上出现的不可避免的一种现象，也可以说是孩子成长到一定阶段的标志。当家长第一次发现孩子撒谎，或发现孩子撒谎次数增多之后，可能第一反应是生气，但其实家长应该为他心理和智力的进步而欣喜。当然，这并不是说要让家长为孩子会撒谎而欢欣鼓舞、举杯庆贺，只是想让家长对孩子撒谎的行为淡定一些。

作为家长，我们要先了解孩子为什么撒谎，撒谎的孩子内心真正的需求是什么，这比寻找杜绝孩子撒谎的办法更为重要。一般来说，孩子撒谎有以下几个原因：

满足自己的愿望

很多孩子的说谎行为是无意识的、不自觉的，这属于无意说谎，源于孩子想满足自己的愿望。比如孩子说"我家有一辆大卡车"，只是孩子想有一辆大卡车。"我好不开心啊，今天老师把我放进了水桶里"其实是想表达"今天老师讲的故事里的小猫很不开心，因为它掉进了水桶里"。有些家长因为分不清孩子说的是现实还是想象，先是以为孩子被老师虐待，后又责怪孩子撒谎，闹了不少误会。这些"说谎"的行为，父母不必纠正，随着孩子的认知和智力的发展，无意说谎的行为逐渐会消失。

想象力丰富

几个小孩用积木搭火车，一个小孩说"我的火车跑得最快，是全世界第一"，另一个小孩说"我的火车跑得最快，能跑到天上去"。这些是孩子出于维护自尊和人格的目的，产生的幼稚、夸张的想法，它与"撒谎"有着本质的不同，所以不用刻意纠正。

渴望陪伴

有的家长过于繁忙，早上孩子睡醒时，已经出门去上班了，晚上孩子都睡了，爸爸妈妈还在加班或在回家的路上，连周末也常常要加班。而一旦孩子生病了，父母又会觉得特别亏欠孩子，就会请假在家陪伴。几次之后，孩子的头脑中就会形成一个印象：只要生病，爸爸妈妈就能在家陪着，可以不去幼儿园，不用爷爷奶奶陪伴，而且想吃什么就可以吃什么，想玩什么就可以玩什么。因此，孩子就无师自通地学会了撒谎，说自己生病了，或装模作样地咳嗽不停。

不想去做某事

有时让孩子自己去洗手，孩子去了一趟卫生间出来后，你问他洗了吗，他会说洗了。可他两只小手都没有沾过水，很明显是在说谎。因为孩子怕麻烦，洗手要把衣服袖子卷起来，还要打香皂泡泡，再调试水温后冲洗干净，然后还要擦手。有些家长还会要求孩子别忘了擦点护手霜。无形中，孩子对洗手这件事就产生了怕麻烦的心理，因此会说谎。

还有孩子晚上回来吃饭时，看一眼饭菜后，告诉妈妈说，他肚子不饿，在幼儿园吃得很饱。但端上另一盘菜时，他又说饿了，狼吞虎咽地吃起来。其实所谓的"肚子不饿"只是不想吃不喜欢的饭菜而已。

害怕受到惩罚

打碎了花瓶，怕妈妈责怪，说不是自己干的；踩脏了床单，说不知道谁踩的；弄坏了遥控器，说摇控器自己坏了……这样的情况是非常普遍的。孩子第一次犯某种错误之后，遭到大人严厉的语言批评、体罚或冷暴力后，第二次就会想办法推脱责任，以求免受责罚，这是孩子的恐惧心理而导致的有意说谎。所以我们常说惩罚是一种无效的手段，不仅仅是对孩子撒谎这件事，对其他事情也是如此。

渴望获得成就感

妈妈和孩子一起听一个新故事，听完之后，孩子问："妈妈，这个故事你以前听过吗？""没听过。""但是我听过。"孩子声音里透着骄傲。其实妈妈知道孩子也是第一次听这个故事，只不过他这么说的时候会觉得"你不知道但是我知道"，心里有一种特别的成就感。就像很多成年人一样，如果提前知道了某些新闻的内幕，也会忍不住跟人炫耀一下，虽然没有什么意义，但会有种莫名的成就感。

通过以上的分析，我们可以看出，孩子撒谎背后的原因是多种多样的，还有许多其他情况不能一一例举。我们只要记住，撒谎是孩子成长过程中的一种普遍行为，几乎每个孩子都有过撒谎的经历。家长无须过于紧张，如临大敌，只要理解孩子，找到孩子撒谎背后的内心诉求并给予满足，就能带领孩子顺利度过这一阶段。

当然，如果父母不注意引导或教育，说谎就会发展成严重的欺骗行为，从而影响孩子的道德发展。

那么，当孩子撒谎时，父母要怎么做呢？

1. 不定性、不贴标签

"哎呀，你这孩子怎么这么爱撒谎呢？""又撒谎了，撒谎不是好孩子。""再撒谎，妈妈就不喜欢你了。"这些话都要不得。"爱撒谎""不是好孩子"，这些结论性评判会让孩子在潜意识中认为自己就是爱撒谎，自己不是好孩子。有教育者曾警告过父母"你说孩子是什么样子，孩子最终会长成你口中的样子"，在此把这句话送给父母们，切不可随意给孩子贴标签，更不能用"妈妈不喜欢你了"作为条件来要挟孩子。好行为不是要求出来的，而是在孩子内心自己认同之下自然而然选择的。

2. 父母做好榜样

有的父母经常当着孩子的面说一些谎话，比如有人打电话约爸爸去打球，爸爸不想去，又不好意思直接拒绝，就说"我脚伤到了，去不了"，但孩子知道爸爸的脚没有受伤。于是，运动会上，老师让孩子跑步，孩子就说"我的脚受伤了"。大人可能觉得自己撒谎是有原因的，是为了不得罪人又不勉强自己的一个好选择，但孩子不明白这么多，他只知道，爸爸不想去打球就撒谎，那他不想跑步也可以撒谎。所以父母要想孩子不撒谎，首先自己要做出表率。

3. 不给孩子撒谎的机会

如果家长眼看着孩子打碎了花瓶，或虽然没看到但可以十分肯定是孩子干的，就不要再问："这个花瓶碎了，是不是你打碎的？"这就等于给了孩子可以撒谎的机会，无异于设了一个陷阱等孩子去跳。有的家长说"我之所以这么问，就是想要看看他到底是诚实的，还是不诚实的"，这种求证其实一点儿意义都没有，你不能从孩子的一次谎言中就断定他是个不诚实的人。如果你直接说"我知道是你打碎了花瓶，你知道怎么补救一下吗？"这样，孩子没有了撒谎的机会，他就会选择当个诚实的孩子，并且还会因为有了补救的希望而使内心不再忐忑不安。这样做也能教给孩子一个道理：

犯错误并不可怕，还有改正的机会，要努力寻找方法去补救。

4. 尽量不责罚

如果做了错事，也没有很难以接受的责罚，孩子通常就不会选择撒谎。成长就是不断地犯错，家长要允许孩子犯错，敢于犯错才能敢于尝试，才能学习和了解到更多的东西。如果既不允许孩子撒谎，也不允许孩子犯错，那孩子只能选择什么都不做。孩子的成长需要一个宽容的环境，过于严厉其实是不必要的，更会让亲子关系不融洽。如果亲子关系不融洽，孩子不愿意跟父母交流，那么他在幼儿园都做了什么，遭遇了什么，家长就不能及时了解。有些孩子在幼儿园受到不公正的待遇，回家却因为害怕父母的批评而不敢讲出来，等家长知道时，可能已酿成大错，悔之晚矣。

5. 给孩子讲说谎的后果以及诚实的意义

5岁孩子的道德感已经开始快速发展，他们认为凡是规则都得遵守，行为的标准就是不能破坏规则，虽然仍处于道德的他律期[①]，但一些道德标准已经开始内化。所以这个时候父母可以通过故事、绘本等给孩子讲解说谎的后果以及人为什么要诚实。此时的孩子是能够理解并且接受的。

6. 告诉孩子不是任何时候都要说实话

成年人都有过说了实话却吃亏的经历，所以我们懂得不是任何时候都要说实话的道理，但孩子不懂。如果一味强调诚实，不允许孩子说一句谎话，认真的孩子可能会因此而受委屈或面临危险。

有一种情况是，当人身安全可能有隐患的时候。比如有陌生人问孩子："你家有人吗？家里谁在？"那么孩子撒谎说"爸爸在家"是不是会比实话说"只有奶奶和我在家"更安全一些？

所以，撒谎并非万恶不赦的罪过，有时反而还是机智的选择。父母需

---

① 他律期亦称"他律道德阶段"，即瑞士儿童心理学家皮亚杰提出的儿童道德判断的发展阶段，此期儿童认为，规则是神圣的、不可改变的，必须绝对服从。

要跟孩子讲清楚什么时候可以说谎，什么时候不能说谎。当然，对于5岁的孩子来说，做出正确判断并不容易，父母需要多加讲解和示范。

孩子为什么发脾气

有一位妈妈这样讲述自己的5岁孩子：平时是个性格开朗的孩子，讲道理，善良，但是有些时候生气了，会非常意外地大发脾气，甚至有些歇斯底里，和他平时的情绪表现有很大的反差，完全像变了一个人，不受控制。不知道这是怎么回事。

首先，我们来了解一下孩子通常都是为什么发脾气的。

家人的影响

现实生活中，我们经常会看到不少脾气暴躁的父母，只要孩子不遵从他，立刻就火冒三丈。在这类父母暴脾气的影响下，他们的孩子很可能就会变得脾气暴躁、爱打人。这种习惯无须专门培养和学习，在耳濡目染之下就会自然习得。所以，孩子爱发脾气，家长需要先检讨自己。有的家长说："我也知道，我就是急脾气，容易冒火，改不了，真是没办法。"如果知道自己是这样的脾气，那不能怪孩子，必须先从自身改起；家长不能说改不了或没办法，否则，孩子就更改不了，没办法了。孩子的急脾气有天生的性格因素，但后天得到的示范和榜样的熏陶，能起到改变作用。急躁的父母要坚信自己一定能提高修养，做到冷静、宽容，也一定能为孩子起到示范和榜样作用，让孩子也改掉乱发脾气的毛病。

安全感不足

一般来说，如果一个孩子从小具有充足的安全感，与父母之间有着良好的依恋关系，那么，他们必定会成长为一个性情温和、自信乐观的孩子。反之，安全感不足，内心深处觉得自己没人爱的孩子，则习惯用发脾气来释放不良情绪和压力。比如父母关系不和谐，经常当着孩子的面争执、吵架，孩子不仅会从父母身上学会发脾气，而且也缺乏安全感，内心的不安和焦虑便只能用发脾气、哭泣、大闹来释放。另外，还有些因父母过于严苛而经常被训斥的孩子，也会借着一些机会发脾气来宣泄情绪，越发脾气越被训斥，越被训斥越发脾气，形成恶性循环，长此以往，缺乏宽容、理解，孩子也就自然缺少被爱的感觉，缺少安全与自信。

以发脾气来控制大人

在孩子小的时候，需求没得到满足是他们发脾气的主要原因。这种情况如果没有处理好，到了5岁时，就会演变成孩子使用发脾气来作为控制大人的手段。比如，孩子想吃糖，父母不同意，孩子就大哭大闹不止，父母招架不住或者嫌麻烦，马上就给糖，满足他，孩子就会认为哭闹是可以得到糖的，于是每次都会这样做。如果父母不再满足，孩子会认为哭闹得还不够，就会变本加厉。这时，如果父母能坚持原则，通过别的方式解决问题，这种情况就会停止，一旦再次妥协，孩子会越发认定发脾气是有效的手段。

由于不被理解而发脾气

5岁孩子对很多事情都有了自己的想法，他们希望能表达自己的想法和意见，但家长忽视、敷衍或不理解的时候，他们会感到自尊心受到了伤害，因此会发脾气。其实成年人也会因为自己被忽视、敷衍或不理解而生气，只不过成年人的情绪控制能力比5岁孩子高很多，生气了也不会外露，更不会当场发作。但是孩子的情绪控制力毕竟还不够成熟，所以他们会忍不住发脾气。我们应当注意，尊重孩子不是嘴上说说的，要像尊重一个成年朋友一样去尊重他，认真倾听他的想法，重视他的意见，即使不理解也要多交流，而不是敷衍了事或不理不睬。

因遇到挫折而发脾气

随着孩子自我意识的发展，他们总想挣脱父母的约束而尝试独立做事，但如果中间遇到一些挫折，他们动不动就会发脾气。例如，5岁的乐乐想拼一辆坦克车，可是有个小积木怎么也插不上去，他生气地把积木一扔，气呼呼地说："这是什么破积木啊！"细心的妈妈听到了他的抱怨，发现乐乐找的积木并非是正确的，在妈妈的引导下乐乐终于找到了对的积木，他这才满意地笑了。

延迟满足的能力不够

曾经有过一个心理学实验，要求幼儿等待 15 分钟作为取得好吃的糖果的条件，否则，只能得到不好吃的糖果。结果，幼儿的表现依实验条件不同而变化：糖果不在眼前时，幼儿坚持等待的时间最长；有一种糖果（好吃的或不好吃的）在眼前时，幼儿能等待的时间减半；两种糖果都在眼前时，幼儿能等待的时间最短。这说明孩子对眼前的诱惑不易抵制，自制力比较弱。因为好吃的就在眼前却不能吃而发脾气，是这个年龄的孩子很普遍的情况，家长应予以理解。同时，家长应注意训练孩子延迟满足的能力，让孩子懂得等待。前面说的实验里，有些孩子为了能得到好吃的糖果，会自己想办法，比如不看糖果、给自己唱歌等来捱过 15 分钟，父母可以参考类似的方式进行训练。

那么，当我们遇到孩子乱发脾气的情况时，要怎样应对呢？

第一步，接纳孩子发脾气的事实

当孩子发脾气时，不要表示不解："你又怎么了？""好好的怎么又生气了？"也不要急着镇压："别闹了，快起来！""我数 3 个数，你不停止闹脾气就罚站。"这些语言和惩罚措施对平息孩子的怒气一点儿作用都没有，甚至还会雪上加霜。首先，父母应该表示理解和接纳，"别着急，我知道你不高兴了。""宝贝，冷静一下，妈妈知道你很生气，冷静！"这样的语言能够让孩子知道他的情绪表达是没有被忽视的，是有意义的，也有助于接下来的沟通。

第二步，倾听孩子发脾气的缘由，找出未满足的需求

当孩子的情绪平缓之后，再引导孩子说出发脾气的原因。"是因为爸爸

没给你放动画片吗？""不是，那是因为……"帮助孩子找到发脾气的缘由。有时孩子发脾气是因为几种原因综合导致，尽管5岁孩子的表达能力已经很强了，但在情绪激动的时候，也可能会说不清楚，或者说得颠三倒四。在这种情况下，父母帮助孩子表达出发脾气的原因，孩子的情绪实际上就已经宣泄了一大半。

第三步，给孩子一个可接受的理由

孩子发脾气必然是有理由的，即便看上去是无理取闹，也必定有隐藏的理由。找到孩子发脾气的因由后，就该给孩子受的委屈一个合理的解释。"他推你是不对的，不过他可能不是有意的，他只是着急，怕你弄坏他的玩具，如果你拿他玩具之前跟他说你一定不会弄坏，他就不会推你了，是不是？"

第四步，引导孩子做出可行的解决方案

如果每一次的不开心最终都能得到满意的解决，孩子发脾气的次数会越来越少，因为他知道没有什么困难或不开心是一直存在的，一定都有办法搞定。而且处理好一次发脾气就等于获得一份人生经验，对孩子的成长是大有裨益的。"既然你知道了我们不能这么做，那你觉得可以怎么做呢？""下次你是不是就不会这么着急了？"尽量引导孩子自己找到解决方案，把掌控局面的成就感还给孩子，让他更有操纵自己人生的感觉。

面对孩子发脾气，父母要淡定，发脾气就像哭泣一样，有其存在的合理性。情绪通常被我们分成两大类——正面情绪：开心、高兴等；负面情绪：恐惧、愤怒、悲伤等。我们都希望孩子能时时刻刻处于正面情绪中，遇到负面情绪就想尽快脱离。然而，正如世间的一切事物没有绝对的好坏一样，每一种情绪只要善加观察和解读，都有其正面的意义。例如，适度的恐惧可以帮助我们提高警惕，适度的愤怒有助于我们批判性地思考，适度的悲伤可以增强同情心和道德审美感，正因如此悲伤一直是艺术创作的主题。

所以，"情绪"本身没有错，错的反而是我们对待情绪的态度。因此，当孩子流露出负面情绪时,父母要学会接纳他,并帮助他发泄情绪。情绪总是被压制的孩子,长大后可能出现很多心理问题,甚至会有自残的倾向。也许当孩子暴风骤雨似的发了一通脾气之后,还没等我们安慰,他自己就回归平静了,当然,前提是保证他的冲动不会酿成大错。

最后一点至关重要,作为父母,千万不要在孩子发脾气时比孩子还生气,你的情绪一旦失控,口不择言或体罚,会让孩子的情绪难以宣泄,更难以平复。如果实在太生气,可以选择深呼吸、数数来让自己平静,实在不行就离开"案发现场",出去散个步,重新思考一下,也许回来后就冷静了下来并应对的办法。

孩子为什么坐不住

一个妈妈带着5岁的孩子玩玩具。孩子拿起"插座圆柱体"就坐了下来,开始玩了。妈妈拿了一个世界地图的木质拼图,兴致勃勃地跟孩子说:"儿子,玩这个,那有什么好玩的,那是小宝宝才玩的。"说完从孩子手里拿走插座圆柱体,把自己挑的世界地图拼图摆在孩子面前。孩子不满地说了句:"我不要这个。""这个才好玩,玩这个,妈妈陪你一起玩。"孩子无奈,拿过地图开始研究起来。他拿起一块想了很久,看来看去,最后决定放在一个位置试一试。刚放上,妈妈马上阻止说:"不对,不是这个,错了。"说着拿起另一块递给孩子,孩子刚放上,妈妈又说:"反了,反了,方向反了。"妈妈语气里满是焦急。孩子嘟起嘴转身拿起别的玩具玩起来。"你干什么啊?一块还没拼完就不玩了,你怎么做什么事都这样不专心,说了你多少回了。不专心是不行的,什么都干不成的。"妈妈转身对爸爸说:"唉,我可真头疼,这孩子坐不住啊,一分钟热度也没有,怎么办呢?"

相信不少家长或多或少都有类似的焦虑,孩子在做事时经常走神,很难将注意力集中在正在进行的活动或任务上。于是,父母一边抱怨孩子不能安安静静地从头到尾做完一件事，容易被无关的事情吸引，担心孩子未来在学习上也无法专心，一边四处寻求解决办法，带孩子参加各种专注力训练。

虽说父母的这种担心是出于本能，但是孩子专注力不够，只是孩子自己的原因吗？父母是否从自身寻找过原因呢？如上面的案例中，就算大人被不停地指挥和干扰，应该也会厌烦进而坐不住吧。

其实，从心理学上来看，孩子天生对自己感兴趣的事情就很专注。例如，我们经常会看到，孩子1岁左右的时候，他们会反反复复地用小手摆弄同一个玩具；3岁左右的时候，他们喜欢做彩泥，做了一个又一个作品，甚至能连续做半小时的小动物；4岁左右的时候，他们会痴迷于拼小汽车、小船，沉醉在那些散乱的零件中，从不分心，一直到拼好为止。这就是孩子专注力的体现。但是，对于孩子一遍又一遍地反复做同一件事情，成人往往又会担心孩子过于迷恋而忽视其他方面，经常有意无意地干扰孩子，破坏孩子的专注力。比如下面这些情况：

· **突然打断孩子的事情**。孩子正在做某件事时，家长总会问孩子："干吗呢？"或者说："喝点水，吃点水果。"甚至直接干涉孩子："这个不能这么玩！"

· **把孩子交给"电子保姆"**。现如今，手机、iPad等电子产品成了不少父母带孩子的"最佳"帮手。可是，孩子长期接触电子产品，对其他事情的兴趣就会减弱，难以集中注意力。

· **父母对孩子的要求太多、太高**。孩子在进行一项活动时，父母往往有很多规定，比如，孩子读书，要端正地坐在小椅子上；要求孩子做事有始有终，即使是孩子不感兴趣的活动也要求孩子从头至尾坚持下来；等等。时间久了，亲子之间就会形成对立关系，孩子的专注力也很难培养出来。

· **给孩子贴标签**。有些父母不顾孩子的发展水平和兴趣所在，经常给孩子安排一些高难度的游戏或活动，如果孩子表现得不够好，就会给孩子贴上"不聪明""专注力差"这样一些负面标签，这种做法只会让孩子的注意力越来越差。

· **孩子安全感不足**。有的父母在陪伴孩子的时候，总是把更多的注意力放在其他事情上，比如做家务、玩手机，孩子就会觉得父母是在敷衍他，心里总想让父母看看他玩什么，或陪他一起玩，久而久之，孩子的注意力也难以集中在自己所做的事情上。

· **睡眠不足**。有的父母有熬夜的习惯。时间久了，孩子的睡觉质量也会受到影响。然而，孩子长期睡眠不足，大脑就无法得到充分的休息，做事情的时候注意力就难以集中。

· **缺乏兴趣**。如果孩子玩的玩具不是他特别喜欢的，大人给孩子讲的故事过于抽象，孩子玩的游戏缺乏挑战性和新鲜感，那么，孩子自然会对这些事情缺乏兴趣，从而无法集中注意力。

· **环境嘈杂**。当孩子学习的时候，家人却一边看电视，一边聊天、说笑，孩子学习的思路就会被打断，孩子的注意力自然很难集中起来。

· **感统失调**。如果孩子在环境安静、无人打扰的情况下，做任何游戏或活动都无法超过5分钟，家长有必要考虑孩子是否有感统失调症或注意力缺失。不过，不要自行判断，一定要去专业的医疗机构进行咨询和鉴定。

那么，我们家长在日常生活中要如何保护和培养孩子的专注力呢？

1. 不打扰孩子

当孩子独自做事时，家长不要突然打断他。比如不要在孩子拼积木、画画时，跑过去说"这是什么？给我讲一讲"。更不要强制性地打断孩子，比如孩子正玩得高兴，非要孩子去吃饭等。假如到了吃饭时间，孩子却玩得专心致志，就轻轻走过去，对孩子说："宝贝，饭已经好了，妈妈给你3分钟时间，把这个游戏结束，过来吃饭。好不好？"5岁的孩子可能会跟你讨价还价，但只要你们达成协议，他就会遵守。

2. 保持室内环境整洁有序

有的孩子玩一会儿积木，就去翻书，翻一会儿书又去画画，没画几笔，又去摆弄其他玩具，于是，房间里到处都是积木、书本、画笔、玩具。妈妈喊孩子收拾，孩子却像没听见似的。妈妈想，干脆等他睡着了再收拾吧，否则也是白收拾。其实这个想法是不对的。

我们都知道整洁的工作环境可以提高我们的工作效率，通常在一间办公室里，办公桌上东西越整齐的人工作效率越高，这是因为整洁的环境不会分散人的注意力，可以让人保持高度集中。即使是电脑的桌面，时常清理也会让人更专注于手头的工作。

孩子也是一样，无论是游戏还是学习，房间收拾得整洁有序，会使孩子更少地被干扰，更专注于手头的游戏。所以，妈妈应该帮助孩子养成随时收拾、清理房间的习惯。这个习惯一旦养成，对生活、学习、工作都大有裨益。

3. 发现并呵护孩子的兴趣

有一个 5 岁孩子对英语很感兴趣，孩子妈妈发现之后，马上给他报了一个 1 对 1 的英语兴趣班。孩子每次上课都很专心，效果很好。过了半年，孩子学的内容难度提高，孩子不太适应，但老师和妈妈都没发现孩子不能适应，还以为他上课不认真，因此不断地批评他，让他认真听课。可是情况越来越糟，孩子到最后，全程都在溜号，并且一听说上英语课就很不开心。

这是一个很典型也很普遍的例子。家长虽然及时抓住了孩子的兴趣，但没有好好呵护，最后生生把兴趣逼成了厌恶。对缺乏自制力的孩子来说，没有了兴趣，自然就没有了专注。如果家长和老师能及时发现孩子面临的困难，不急于求成，让孩子在初级课程上学得更久一些，再慢慢过渡到下一级课程，自然就能留住兴趣，留住孩子的专注。很多孩子对某一科目学习的兴趣就是这样被扼杀的。所以，这一问题很值得家长反思。

4. 尊重孩子的喜好

有一个孩子特别好胜，一听到比赛就跃跃欲试，于是妈妈就通过比赛的方式让他参与很多游戏和学习。比如比赛看谁画的小动物最多，比赛看谁最先走出迷宫，比赛看谁做题做得快，比赛看谁说的英文软件打分最高。另一个妈妈非常羡慕，回家也用这种方式让孩子做游戏和学习。可孩子输了两次就哭，妈妈批评他，他就更害怕输，害怕比赛了。妈妈气得不行，说："这孩子一点好胜心都没有，不上进，不在乎荣誉。"

其实孩子都有上进心和好胜心，不敢参加比赛，是因为怕输，正是在乎自己的荣誉的表现。每个孩子的喜好不同，有的喜欢比赛，有的喜欢游戏，有的喜欢独自玩，有的喜欢一起玩，家长应该尊重孩子的意愿，让他用自己感觉最自在的方式去参与到游戏和学习中。

孩子的专注力需要保护和培养，父母不要过于焦虑，更不能不参与。多多配合孩子，从各方面完善，相信孩子的专注力终会得到提高。

3. 不正确的三种管教方式

物质奖励

"今天自己穿衣服，就奖励你一个冰淇淋。"
"今天吃饭不挑食，妈妈就送你一辆新的小赛车。"
"自己把玩具都收起来，就奖励你吃一根棒棒糖。"
"自己刷牙，刷够三分钟，就奖励你看一集动画片。"

我们都有类似的经验，摆事实讲道理不奏效，而一个简单的物质奖励措施却很容易取得立竿见影的效果，因此，奖励也成了爸妈的法宝，时不时就拿出来使用一下。但这个法宝用多了，不仅会失效，还会带来一些副作用。

有一个小故事很能说明奖励不但不"励"，还会"抑"。

有一群孩子一连几天在一个老人的窗外踢铁桶，"咣咣咣"的噪声让老人烦躁不安。老人为了制止孩子们踢铁桶，出去跟他们交谈了起来。老人说："孩子们，你们踢桶的声音很热闹、很好玩，如果你们使劲儿踢，我每天给你们一块钱！"孩子们听说踢铁桶有钱赚，都卖劲儿地踢了起来。过了几天，老人说："我现在收入减少了，今天不能给一块了，只能给五角。"孩子们听说踢铁桶的价格减半了，很不开心，踢铁桶的劲头也马上松懈了。又过了几天，老人对来踢铁桶的孩子们说："孩子们，我最近没有收入了，今天你们踢铁桶，不能给你们钱了，等我以后有钱的时候再说吧。"孩子们一听今天没有钱了，纷纷说："那怎么行，一分钱不给，谁会为你卖力表演？"说完，一帮调皮鬼一哄而散。于是，老人又找回了过去的宁静。

这个故事不是胡编滥造的，而是有一定心理学依据的。心理学上有一个"德西效应"讲的就是奖励的反作用。

著名心理学家德西曾做过一个实验，召集一批被试者，让他们解答一些有趣的智力题。开始所有人都没有奖励。后来研究者把被试者分成两组，一组每解答一道题，就可以获得1美元。另一组还是没有报酬。再过一段时间，研究者告诉大家，自由活动的时间到了，可以休息也可以继续解题。实验结果表明：得到报酬的那组人，在付费期间确实是非常努力的，但是很少有人在休息的时候还解题，这说明他们对解题的兴趣减弱了。而始终没有获得报酬的那部分人，休息时候在解题的还是很多，说明他们自身对解题的兴趣在增加。

父母给予奖励本意是为了以荣誉感激励孩子重复好的行为，但单纯的物质奖励带来的并非荣誉感，而是改变了孩子做出好行为的动机。所以，这种奖励一旦停止，做出好行为的动机也没有了，孩子便会停止做出好行为。

针对某些一次性的行为，可以以物质奖励为手段，但若要改变孩子的一些不良行为或是帮助孩子建立一些良好的习惯，奖励的做法就很可能不会奏效。不但不会奏效，还会增加更多的阻力。

对于孩子来说，他们身上本来就有一种强烈的求知欲，因为他们自出生以来就对这个世界充满了无限好奇，他们的脑袋里装满了为什么，有强烈的探究欲望，这本身是天然的内驱力，是内在动机。真正的奖励，是让孩子的求知欲获得满足的同时获得荣誉感，获得爱、关注和认可。这种精神与情感上的奖励才能真正激励孩子，从内部驱动其做出好的行为。

而外部的奖励，改变了孩子做这件事情的动机，从最初的在这件事情中体验乐趣，变成了为了获得奖励而付出努力。孩子会将"好行为"和"获得物质奖励"联系在一起，形成条件反射，比如给奖励就学，不给奖励就不学。这无异于父母正在用所谓的奖励，一点儿一点儿地亲手熄灭孩子本能的兴趣以及完成一件事之后的那种成就感和快乐，并且顺带着把孩子的责任心也统统抹杀，不费吹灰之力——好好学习不是我的事，是爸爸妈妈的要求，不奖励我，我就不给你们学；收拾房间不是我的事，是爸爸妈妈的事，不给我奖励，我就不给你们收拾；承担家务不是我应该做的，我是帮爸爸妈妈做的，不给我奖励，我就不帮你们做……

在很多教育理念先进的幼儿园，老师很少会特别表扬某个小朋友，也不太用小奖品来鼓励孩子，小贴画或小红花这种更侧重于精神层面的奖励会多一些。因为这都不是稀罕物，孩子更在乎的是背后的那份荣耀和自豪。

孩子从最初的安全感建立，到后来的自信、自尊、自我价值感的建立，都是在父母无条件的爱和接纳下而获得的。对于孩子来说，最好的奖励绝不是父母的金钱或父母买的玩具零食，而是父母发自内心对孩子的接纳、认可和赞赏。

惩罚

惩罚是否有效？惩罚和奖励一样，短期、单次可能会有效。但长期实施，效果会越来越差，直至零效果，并"附赠"副作用。尽管如此，很多家长还是常常运用这种手段管教孩子。

在中国的图书市场上有一类讲述不吼不叫、不打不骂教出好孩子的图书特别流行。家长会对这类书痴迷，说明两个问题：一是说明打、骂、吼、叫是我们大多数家长主要的管教方式；二是说明以打、骂、吼、叫为主要管教方式的家长们，内心已深深意识到这样做是不行的，亟须改变。

很多人认为西方教育理念先进，西方的家长大都不打、不骂、不吼、不叫，尤其是我们在《成长的烦恼》等美剧中，往往看到的都是幽默、风趣、善解人意的家长，其乐融融的亲子关系，即使发生矛盾也能很快化解。但事实并不是这样。西方教育理念确实先进，他们的学者和科研人员对教育学、心理学、脑科学、神经科学等与儿童发展相关的科学的研究也极其广泛、深入、严肃并持久。大部分西方家长也接受过此方面的正规教育，在观念和意识上都有较好的基础。但是在实际生活中，要想把所学化为所用，还是很不容易的。美国著名儿童心理学家路易斯·埃姆斯和美国儿童行为学博士弗兰西斯·伊尔克结合耶鲁大学40年研究成果所著的"你的N岁孩子"系列中谈到一个关于家长管教方式的调查，这次调查有数千个家庭回应，结果显示：52%的家长承认他们的主要管教方式是吼叫和责骂；50%的家长承认他们打过孩子屁股；另有38%的家长曾把孩子关在房间里；32%的家长禁止孩子出去玩；23%的家长让孩子到自己的小床上去关禁闭。这个调查数据显示，原来西方家长也会在管教上犯和我们一样的错误。

对此，美国育儿专家菲茨休·多德森博士认为，以上这些管教方式均是低效或无效的，他说："惩罚的威力所带来的后果，是孩子对成年人的敌视、憎恨和报复之心。你根本就不可能通过激起孩子的这些负面情绪来传授孩子得体的举止。"

不过，无论现在主流观点如何提倡不该体罚孩子，仍有很多父母表示"适当体罚是有效的，也是有必要的"。实际上，这个问题在很大程度上取决于父母小时候的受教育方式。如果他们偶尔会因为犯了错误而受到体罚，那么，在他们的孩子犯了同样错误的时候，他们也会采用体罚的方式。如果他们在成长过程中始终受到正向的引导，他们也会采取同样的方法教育自己的孩子。因为确实也有相当一部分父母不愿意体罚孩子，他们认为总有更好的办法来解决孩子的问题。

惩罚通常有两种：一种是肉体的，就是体罚；另一种是精神的，或说心理的。

关于体罚，有的成年人表示很感激自己的父母在他小的时候严厉教导，就是棍棒教育，并认为如果不是小时候经常挨打，可能早就辍学了、学坏了，并且说"挨打没有对我的心理造成任何伤害、留下任何阴影"。其实，这也是一种误解。美国教育家斯波克博士认为，这些挨打的孩子之所以能够健康地成长，是因为他们能够排除小时候挨打的影响，而不是因为他们挨过打。

从另一方面讲，几乎所有小时候挨过打的成年人都能想起自己挨打以后产生的强烈的羞耻感、愤怒和怨恨，没留下伤害和阴影只能说是一种幸运——在成长中因某些机遇，他们获得了某种更有力的正向引导。与此同时，我们还应该看到，因惩罚过重或过多而受到严重伤害，留下终生心理阴影的人更是不计其数。

很多时候，惩罚只是父母焦躁、不安情绪的一种宣泄，而与教育孩子毫无关系。

有一天，一个妈妈和5岁的孩子走在人行道上散步。突然孩子发现了什么好玩的，一下子挣脱了妈妈的手，跑到了马路边上。妈妈慌忙追上去制止他。原来是一辆奇怪的车刚跑过去，孩子想再看看。当时，他手里正抱着一个自己特别喜欢的长长的木棍。妈妈心里又是惊吓又是生气，于是告诉孩子说："你既然违反了'不能在路上乱跑'的规则，那么，你的木棍就不能要了。"于是妈妈就把孩子的木棍扔到了垃圾桶里。孩子当时非常难过和不解。

作为旁观者，我们能够发现：木棍和在路上乱跑之间没有任何因果关系。这种惩罚只是大人宣泄内心的不安、后怕等情绪，是缺乏理智的。但事实上，这种惩罚在我们的生活中频频发生，若追其心理根源，那就是爱的剥夺——如果你不听话，如果你违反规则，我就夺走你的心爱之物作为惩罚，不管是木棍，还是小汽车、毛绒玩具，尽管这些东西都是无辜的，不过是城门失火殃及池鱼罢了，心爱之物的失去跟守规则并无关系，跟安全感的缺失倒是有一定关系。

前文"有条件的爱"里面提到，有些家长经常会说"你再不听话我就不要你了"，这也是一种惩罚，是爱的收回。同理，这种惩罚也不能让孩子自觉遵守纪律，而只能让孩子惶恐、不安。

无论是哪种惩罚，都只能让孩子因害怕而取得短期效果（也可能短期效果都没有，只会让孩子更倔强），但同时可能会让孩子产生害怕、生气，甚至怨恨的不良情绪，影响孩子的心理发展，同时不利于良好亲子关系的建立，孩子可能会变得逆反、抗拒，而且不懂得关心他人。总是被这样对待的孩子，很容易产生关爱缺失的焦虑，不利于孩子安全感的建立，将来可能进一步影响孩子自尊自信的建立。因为孩子会在忧虑中变得过于依赖外界，缺少丰盈而踏实的从容内在。

还有一种惩罚是随意的，没有规则可依，没有约定可循。比如，孩子总是不爱穿鞋，妈妈这次的惩罚是不许吃好吃的，下次的惩罚是不让看动画片，再下次的惩罚可能又是随手在屁股上打一巴掌。这样的惩罚不仅让孩子无所适从，更让他从中学会了随意随性，忽视规则，对纪律、规定毫无敬畏之心。

蒙台梭利说："事实上，当我们接受，并制定了科学教育学的规则，就会自然而然地取消了所谓的奖励和惩罚。倘若一个人能够享有自由的权利，并且能够约束自己，那么他就会去追求那些能激发与鼓励他的目标，或是令他感觉有价值的目标，这些真实价值就是源于人类内在生命的自由和力量，它们能够让人们迸发出最大的积极性。"

冷处理

一个5岁的孩子正在放声大哭，一开始孩子站着哭，一边哭一边叫喊着"妈妈过来"。孩子的妈妈坐在一边，面无表情地玩着手机。孩子哭了半天看妈妈没有回应，于是就躺在地上哭，踢打着双脚，一边哭一边喊"妈妈过来，妈妈过来，妈妈来抱"。妈妈还是平静地玩着手机。孩子在地上一边哭一边挪动着，挪到了妈妈的脚边，拉着妈妈的脚，企图这样得到妈妈的回应。妈妈站起来，把脚抽出来，走到一旁，仍然不理孩子。这时有人说："你抱一下孩子嘛，抱一下就不哭了啊。"妈妈说："不用管他，哭一会儿就不哭了。"

很多人都曾说过，孩子不听话，发脾气，那就冷处理，不理他就好了。但其实，这种所谓的冷处理，是一种冷暴力。

冷处理和冷暴力是有区别的，冷暴力是以伤害人为目的，而冷处理是以解决问题、解决矛盾为目的——它不是不处理，而是等双方都冷静下来之后再来解决。在冲动的情况下，我们会一定程度地失去理性，极可能会做出攻击性的举动，而那样很可能会激发另一方的应激反应，很容易造成矛盾再次升级。所以不闻不问、不回应不是冷处理，而是冷暴力。冷暴力对孩子的伤害，可能比暴力惩罚还要深。

一个年轻女孩曾经回忆说："我上小学时，有一次因为贪玩回家晚了，妈妈一个月都不跟我说话了。我每天放学回家看着妈妈，都很想跟她说说话，可是不知道怎么开口才好，我每次叫她，她都是当没有听到似的。那时，我一直认为是我做错了，是我不应该惹妈妈生气的。那时的想法就是，我宁愿妈妈打我一顿，也好过她这样一句话都不跟我说，我不知道她什么时候会原谅我。"她说自己小时候常常被妈妈冷处理，她总是想，宁愿被妈妈暴打一顿，也不愿被当成一个透明人一样对待。长大后，她不喜欢跟任何人交往，总是冷冷地看着别人，充满不信任。每当想起童年，她就会心疼那个小小的无助的自己。

有些妈妈说："我是温和而坚定地坚持我的原则。"但事实上，这不叫温和而坚定，这叫冷漠而无情。把发脾气的孩子扔在一边不闻不问，这种所谓的冷处理，是忽略孩子这个人，是对为人父母的责任的逃避。其实孩子躺在地上撒泼打滚的时候，他已经知道自己错了，这个时候抱起孩子，帮他擦干眼泪，再和他讲道理，是最容易说通的。因为孩子觉得在自己最需要你的时候你及时出现，并且送来了爱和温暖，你就是最亲的，那么你说什么他都可以同意。

1岁之前的婴儿是没有自我意识的，他认为自己和妈妈是一体的。妈妈的行为就是他的行为。如果妈妈对他没有任何回应，他就感觉不到自己的存在。

而成年人如果从小缺失了父母的回应，或是被无视、冷漠以对，他们常常会感觉内心是空的。感觉不到自己的存在，空的那部分就是被忽视而缺少的情感和生命的体验部分，这是人生早期被长期忽视对待造成的后果。

一个从小经常被冷暴力的孩子，长大后，他对这个世界和他人的对待方式，也常常是"冷处理"、拒绝融入。

对于5岁孩子，我们可以适当采取这样的方法——隔离法。"你进房间反省一下"，重点在于立即制止不对行为、离开现场，给孩子与家长双向冷静的时间，帮助孩子学会冷静与控制情绪。但要避免过度滥用，也不要对年龄较小的孩子使用，以免造成孩子对黑暗和被孤立产生过度的恐惧。

4. 教养游戏化

教养游戏化就是陪孩子做游戏吗？不、不、不，做游戏与教养游戏化是完全不同的两个概念。简单来说，做游戏，大多是以孩子的能力或情感发展为目标的活动；游戏化教养，则是以优化教养手段为目的的一种教育技巧。

在幼儿园里，老师带领孩子们玩"老鹰捉小鸡""丢手绢""抢椅子"，这些都是游戏，有具体的规则，有常见的大体差不多的形态。我们常说喜欢游戏是孩子的天性，而游戏对孩子的身心发展具有极其重要的意义。高尔基曾说："儿童在游戏中认识周围的世界。"而且玩游戏时，孩子们处在一种轻松、快乐、愉悦的情境下，这种情境更有利于激发他们的主动性、想象力和创造力。

例如，每个孩子都喜欢玩角色扮演的游戏，在游戏的过程中，孩子们不仅玩得开心快乐，也可以从角色扮演里学到很多，例如锻炼了语言表达能力、模仿能力，学会了分工合作等。而且游戏还是提高孩子社会交往能力、促进孩子社会性发展的重要手段。

可以说，孩子就是天生的游戏者，他们生来就爱玩，也因此喜欢一切有趣的东西。在游戏的过程中，他们不仅享有充分的自由，体验自己最感兴趣的事物，而且游戏对他们的情感、人格发育以及社交能力都有着潜移默化的影响。对于学龄期的孩子来说，他们所选择的任何事情都是游戏，这里蕴藏着孩子自然成长的无穷力量，更是孩子生活和学习的重要渠道。

那么，什么是游戏化教养呢？

我们不妨先看看下面这位妈妈是怎样用游戏化的教养方式劝说孩子好好穿衣服的。

女儿5岁后，有一段时间特别抗拒自己穿衣服，为此我和孩子都困扰不已。在她眼里，我可能不是一个好妈妈，对她的态度非常苛刻，不像对小弟弟一样，愿意帮他穿衣服，帮他做很多事情。而我认为明明是她可以自己做的事情，却偏偏让我给她做，我把这一切归于她的无理取闹、偷懒耍赖、和弟弟争宠。就这样，我们母女俩的矛盾僵持了好久，我也因此变得很不耐烦。

过了很久，有一次，在和女儿玩布娃娃的时候，我才突然意识到对孩子说教其实一点用都没有。当时我的手里正抓着女儿的两个毛绒玩具，跟她玩过家家的游戏。

我举起一个毛绒玩具，不信任地说："天哪，她不会自己穿衣服吧？"另一个毛绒玩具发声了，语气里充满了自信，并且愉快地回击道："谁说的，她会的，她真的会自己穿衣服。"

第一个毛绒玩具又说："这怎么可能，她才只有5岁，她怎么会自己穿衣服呢？"这时，我注意到女儿打开自己的衣柜，开始认真地换幼儿园的衣服，而我故意让第一个毛绒玩具背对着她，假装什么都没有看见。于是，第一个毛绒玩具又接着说：

"看呐,她根本不是自己穿的衣服。"

而第二个毛绒玩具总是摆出一副据理力争的样子,高声反驳道:"我敢向你保证,肯定是她自己穿上的,只是你没有看到而已。"

不可思议的是,这样一个灵机一动的游戏竟然见到了奇效。我注意到此时的女儿不仅自己穿好了衣服,还不停地哈哈大笑。而我也特别欣慰,做个游戏就可以帮我们走出困境,重塑亲子关系。

这就是游戏化教养。英国教育家洛克说过:"教育儿童的主要技巧是把儿童应做的事都变成一种游戏。"这句话可以说是对游戏化教养的最好诠释。

对5岁孩子而言,把孩子不愿意接受的规则,或总也无法做好的事情,以游戏的形态呈现出来,孩子会很容易接受。孩子不喜欢的、不感兴趣的、害怕的事情变成可接受的、期待的、有趣的事情,会让教育活动变得更容易实施。

有时,孩子对自己的错误行为是有所认识的,但有种无法言说的感受和情绪让他不能否定自己,也就无法改正错误,只能在错误的道路上渐行渐远。但如果我们能创造一个机会,让他大声地对这种行为说"不",问题就很容易解决了。

在英国夏山学校,曾经有个学生半夜溜出宿舍做各种恶作剧。校长的处理方式是,穿着滑稽服装,装扮成一个匪徒,然后在半夜把这个学生叫醒,问他要不要跟他一起去作案。结果,这个学生一口回绝,还教训校长要端正行为。学生的恶作剧就这么得到了解决。

还有一个类似的故事。一个孩子的妈妈生了二孩,一个小弟弟。大儿子很聪明,却总觉得小弟弟抢走了父母对自己的爱,心里不是很舒服。他的老师感觉到了孩子的情绪，于是对他说："这个小宝宝太麻烦了，把爸爸妈妈的爱都抢走了，你肯定想打他一顿吧？老师帮你打他一顿吧，怎么样？"听到老师这样说，孩子有点儿不好意思，仿佛一下被人看穿了心事，进而又着急地说"不要不要……"，然后又一本正经地说："小宝宝不能打。"因为老师把他有所感受却无法言说的情绪表达了出来，他感受到一种被人理解的快乐，反而释怀了。于是，老师趁机给他讲了很多道理，还给他推荐了一本描述手足相处的绘本。

一般来说，父母都喜欢利用各种游戏和玩具来帮助孩子掌握知识、获得技能，培养孩子各方面能力的发展，不过在自己的日常教育和养育中擅长使用游戏化方式的，还比较少，因为游戏化说起来容易，听起来简单，可真正实施起来却很难。

首先，这是因为大多数家长缺乏游戏化教养的意识。往往是用常规手段碰壁多次后，才发觉行不通，需要转换思路。但是下次遇到其他问题的时候，还是想不起来用游戏化的手段，仍是用常规手段。这是思维习惯的转变问题，需要一定的时间。

其次，游戏化教养需要家长开动脑筋，运用智慧。这其中包含着一个人丰富的生活经验、幽默的生活态度，所以说父母想要改变孩子，先要改变自己。

第六章

5岁孩子关键期
的关键帮助

著名教育家蒙台梭利经过研究和观察发现,孩子达到某一个阶段会对某些事物特别有兴趣,会不停地去做,被称作儿童敏感期。在敏感期中的孩子自然而然地会对感兴趣的事情执着。父母们要抓住5岁关键期,帮助孩子提升各方面的能力。

1. 培养受益一生的专注力

专注力是一个时间期内集中反映某些心理活动的能力

人类的每一种心理过程都是不同程度地指向和集中于一定的对象的。当人们专注于某个事物时，总是同时在感知、记忆、想象、思考着或者说体验着一定情感情绪，所以说专注本身并不是一种独立的心理过程，它是各种心理过程的一种特性。

当感知的大门开启后，外界的信息纷至沓来。专注以其对一定对象的指向和集中，使人清晰集中地获得感知对象的信息，从而保证智力活动的顺利进行。因此可以说专注力是智力活动的开端。发展专注力与发展智力有密切的关系。

俄国教育家乌申斯基说过："专注是心灵的天窗，只有打开这扇天窗，才能让智慧的阳光撒满心田。"专注力在人的智力活动中起着相当重要的作用。专注力是观察力的先导，没有专注就无所谓观察。人的一切心理活动都离不开专注力的参与，父母必须重视孩子专注力的培养。

著名教育家蒙台梭利经过研究和观察发现，孩子达到某一个阶段会对某些事物特别有兴趣，会不停地去做，被称作儿童敏感期。在敏感期中的孩子自然而然地会对感兴趣的事情执着而专注。比如5岁孩子的有意专注时间大概是15到20分钟，而做自己感兴趣的事情（比如书写敏感期的孩子不停地写字描画）可以远远超过这个时间。而对于不感兴趣的事情，则表现出"注意力不集中"，甚至 5 分钟也不到就转移了，这种时候可能家长会着急，以为孩子有专注力的问题，但其实孩子只是缺乏兴趣而已。

不过有的孩子在幼儿园上课也不注意听讲，小动作多，对老师的讲解也不虚心。老师在上课的时候，经常会发现孩子的眼睛不是黯然无神，就是盯着窗外或者周围其他同学，要不就是手里不停地摆弄着铅笔、尺子、书包带等物品。若是教室外发生了什么事情，有了什么声音，就会马上被吸引过去。回答问题时，常常是"一问三不知"。如果老师反映有这些情况，家长就要注意了，这是专注力不够的表现。

专注力是可以培养的，父母应先了解一些专注力的特征，再施以针对性的方法。5 岁孩子，他们的各项生理机能相对比较成熟，游戏也不再仅仅是无目的活动了，而加入了一部分的目的和想象，这个年龄段的专注力游戏训练应该提高游戏的难度，扩大游戏的目的性。

一些锻炼孩子专注力的游戏

1. 萝卜蹲

将家里人分成三组，一组代表红萝卜，一组代表白萝卜，一组代表黄萝卜。家长喊口令："红萝卜蹲，黄萝卜蹲，白萝卜不蹲。"喊哪一组蹲，哪一组要快速蹲下。喊另一组，前一组的孩子要快速站起。未按口令动作的孩子算失败。可以由孩子来发令，也可以邀请邻居的孩子一起来玩，孩子会更喜欢。

2. 词语接龙

家长说一个词语，让孩子接下一个词，规则是前一个词的词尾是下一个词的词首。比如"生活—活动—动物—物品—品味……"等，也可以增加游戏难度，做成语接龙、诗词接龙等游戏。

3. 玩扑克游戏

取三张不同的牌（去掉花牌），随意排列于桌上，如从左到右依次是梅花2、黑桃3、方块5，选取一张要记住的牌，如梅花2，让孩子盯住这张牌，然后把三张牌倒扣在桌上，由家长随意更换三张牌的位置，然后，让孩子报出梅花2在哪儿。如孩子猜对了，就胜，两人轮换做游戏。随着能力的提高，家长可以增加难度，如增加牌的数量，变换牌的位置的次数和提高变换牌位置的速度。此游戏可锻炼注意力高度集中和快速反应能力。

4. 玩"开火车"游戏

三人围坐一圈，每人报上一个站名，通过几句对话语言来开动"火车"。如，爸爸当作北京站，妈妈当作上海站，孩子当作广州站。爸爸拍手喊："北京的火车就要开。"大家一齐拍手喊："往哪儿开？"爸爸拍手喊："广州开。"于是，当广州站的孩子要马上接口："广州的火车就要开。"大家又齐拍手喊："往哪儿开？"孩子拍手喊："上海开"。这样火车开到谁那儿，谁就得马上接得上口。"火车"开得越快越好，中间不要有间歇。这种游戏由于要做到口、耳、心并用，因此能让注意力高度集中，同时也锻炼了思维快速反应能力，而且这种游戏气氛活跃，能调动人的积极性，孩子玩起来，乐此不疲。

5. 买一些智力训练的书，每天坚持做练习

如果你的孩子常常不能专注地做一件事情，表现得很急躁，可以尝试陪孩子阅读一些有助于锻炼观察力、注意力的图画书，如找异同、走迷宫等图书，这类图书往往印有很多精美的画面，在孩子练习的时候，这些图书不仅会培养他们专注的能力，也能培养孩子的美感。

2. 满足孩子好动的需求

5岁孩子成长的过程中，顺应天性发展很重要

那么，我们该如何尊重孩子好动的天性，让孩子健康快乐地成长呢？

很多家长都喜欢活泼的孩子，但也对孩子的好动十分头疼。比如当我们带他们出去餐厅吃饭，或者去商场购物、去公园玩，人多的时候，我们总是希望他们最好是跟大人一样，安静地坐在一个地方不动，但那是不可能的，他们经常会到处乱跑，摸摸这，碰碰那，给我们惹出一堆不必要的麻烦。

孩子的身体里有一股能量。这股能量就像一团火一样，源源不断地给他动力，让他不愿意停下来，只有通过各种活动把旺盛的能量发泄出来，才能安静。比如幼儿园的孩子，你让他中午睡觉，他睡不着，如果你逼着他睡，他肯定是要哭闹的。经常有妈妈很苦恼：要孩子上床睡觉，但他一会儿要撒尿，一会儿要喝水，一会儿还说肚子饿了，就是不好好睡觉。其实很大程度上的原因是孩子的能量没有发泄出去。

有位幼儿园的老师很聪明。一天，有两个孩子午休的时候睡不着，一会儿要喝水，一会儿要撒尿。于是老师就对这两个孩子说："我们到另外一个房间去。"之后，她就把两个孩子带到了另外一个房间，并拿来两个皮球，跟他们说："我们一起玩，我把球扔过去，看你们俩谁能跑过去把球拿过来。"那两个孩子很开心，就跑过去，追逐着把球拿过来给她。然后她又扔出去，两个孩子就比赛着，追着皮球跑，十几分钟，二十分钟。开始的时候，两个孩子都跑得很快，但越到后面跑得越慢，最后跑不动了，累得满头大汗，站在那里不动了。这位老师知道，孩子体内的能量已经消耗出

去了,于是就问孩子:"还要不要跑?""不跑了。""那老师给你们讲故事好不好?""好。"接着,她把两个孩子带到卫生间去,洗了洗脸,擦一擦身,让他们躺到床上听故事。但这位老师三句还没有讲完,孩子们就已经睡着了。

我们越不让孩子把能量释放出去,他就越会一直想动,停不下来。但我们让他活动活动,他累了、疲惫了,很快就会睡着。

还有家长说:"我不是不让孩子动,但我就是担心孩子太好动,老师会越来越不喜欢他,周围的人会越来越不喜欢他。"我们不要因为周围人的眼光而束缚孩子,比起让周围的人喜欢,我们更应该在意的是孩子的身体是否健康,成长是否快乐。

5岁孩子喜欢跑,喜欢说话,喜欢活动,让人觉得很聒噪,甚至有点烦,但这不是他们的错,这是他们成长的需要。他们正处于身体动作能力、语言和思维能力、社会化等方面高速发展的时期,只有多跑、多说、多玩才能满足他们。所以,我们不要用成人的眼光来衡量,认为他们不够有礼貌,太烦人,就去阻止,而应该主动设计或策划一些活动,吸引他们参加。

一些简单的活动,帮孩子释放过盛的精力

1.用胶布条在地面上设置轨道,让孩子用吸管吹动小球随轨迹前行,看看谁能率先将球吹到终点。

2.在地板上或其他地方用胶带贴出不同的道路。可以点缀停车场、加油站、餐馆,布置出丛林、高原、山坡等地形地貌。孩子可以将他的汽车放到轨道上开始行程。

3.可以用胶布做一个小小的社区,划分几块不同的地方,让孩子的玩偶可以进入各个区域,看看在大人的引导下,孩子会在社区里发生什么样的故事。

4. 在地板上用不同颜色的胶布贴出轨道，爸爸在一端，妈妈在另一端，告诉孩子沿着某种颜色的线行走，走熟练了可以让孩子带着物品行走，就成了搬运游戏，还可以锻炼孩子的平衡性。

5. 用胶布在地板上设置迷宫，让孩子驾驶着玩具小车走出迷宫，这个需要家长好好地规划一下，必定非常有趣。

6. 用胶布贴出圆圈环，用球投进圆环中，投进最中央的圆环就是最终的胜利者。

3. 与孩子一起爱上阅读

阅读是5岁孩子学习成功的一个重要条件

有些孩子从一两岁就开始每天听父母读书讲故事，5岁时已经具备了一定的自主阅读能力。这对孩子未来的学习具有非常多的益处。不过也有很多孩子一直因为种种原因还没有培养起阅读的习惯，有的家长会担心，这个时候才开始培养，晚了吗？一点儿都不晚。

5岁是孩子想象力、创造力发展的黄金时间，他们思维活跃，可塑性强，想象力大胆、丰富，是阅读能力发展的关键期，也是培养孩子阅读习惯的好时期。那么，如何培养孩子的阅读习惯呢？

首先是引发兴趣。兴趣是儿童学习最好的老师，孩子的阅读兴趣直接影响其阅读行为、阅读理解。愉快的情绪能使孩子乐于看、愿意听，并与成人进行信息上的交流。所以把阅读活动建立在他们感兴趣的基础上，是指导阅读的关键。

如何培养5岁孩子的阅读兴趣

坚持每天读书给孩子听

很多双职工家庭的父母回到家都很累了，有时就懒得讲故事，而这样不利于孩子阅读习惯的养成。父母可以答应孩子每天睡前给他读一本书来督促自己。

让孩子自己选择看什么书

芬兰孩子的阅读能力世界第一，在孩子处于幼儿阶段时，芬兰父母喜欢每天晚上都给他们讲故事。孩子看什么书，芬兰父母给孩子充分的自主权，让他们自己判断、选择。一位芬兰母亲说："芬兰家长很少会以成人的视角去帮孩子选书。成人是用自己的经验来看世界，可是孩子是用想象看世界，我不认为成人有这个权威代替孩子做选择。"

家长自己也每天读书

5岁孩子单纯、幼稚，模仿能力强，所以家长本身也要建立良好的阅读习惯，以自己的行动来感染孩子，使孩子喜欢阅读，热爱阅读，这种身教的作用将潜移默化地影响孩子阅读的兴趣和能力，使他们的阅读在广度和深度上得到发展。

用环境来感染孩子

经常带孩子去图书馆、绘本馆、书店，去借书、买书和朋友们一起看书。书店或绘本馆里有很多孩子在投入地看书，孩子会被感染，也会对读书感兴趣。另外，建立属于孩子的家庭阅读区，孩子能够轻松愉快地在属于自己的小小的区域范围内读自己想读的任何一种图书。

提前上床睡觉的时间

将孩子上床时间提前半小时，孩子通常不会痛快地睡觉，然后给孩子不必睡觉可以看书的特权。如果让孩子选择"看半小时书还是马上关灯睡觉",孩子十有八九会选择看书,这不见得是孩子爱看书,而是他们讨厌睡觉。

去户外阅读

把阅读和有趣的户外活动联系起来。带着孩子到户外玩耍,在帐篷里读书、在吊床上读书、在小船上读书,一切能给孩子新鲜有趣体验的阅读活动都是孩子想要的,创造更多这样的机会,孩子就会爱上阅读,或者把这样的过程变成家庭固定栏目。

把图书作为节日的礼物

把图书作为各种节日的礼物。每当节日到来时,就以图书为礼物送给孩子。孩子的朋友过生日时,家长可以建议孩子把图书作为送给小伙伴的生日礼物。孩子自己生日时,家长可以准备各种各样的礼物,但是图书一定要在其中。这是在潜移默化地影响孩子,使他们认识阅读的重要性。

让孩子像大人一样给玩具读书

让孩子试着认真地给他最喜欢的玩具读书,就像大人认真给孩子读书一样。在阅读过程中,流利的朗读、和玩具之间的假装性互动,都是对孩子语言、思维能力最好的训练。

带着孩子多参加各种和阅读相关的群体活动

很多绘本馆、图书馆、社区故事点都会定期举办各种和阅读相关的活动,阅读会、故事大赛、朗读故事、绘本表演……带着孩子去参加吧!

另外,5岁孩子对自然界的一切都充满着好奇,他们喜欢看、喜欢问、喜欢说。家长应顺应孩子心理,充分利用大自然,随时随地抓住契机引导孩子有顺序地观察、有条理地提问,大胆地表述,丰富他们的语言。比如,春天出游时,引导孩子看看、说说公园的花草树木、高大而独特的建筑物;秋天,带孩子捡落叶……尽量让孩子多听、多看、多说,在亲身体验中获取大量的感性经验,使孩子的语言更精彩而富有变化。这样有助于孩子大胆想象,并用连贯的语言讲述,从而为进一步提高他们的阅读兴趣和能力打下基础。

4. 陪孩子一起到户外运动

神给人进化的两种管道——教育和运动。教育，是人走出愚昧无知的管道；而运动，是人走出平庸，走向强大、突破自我的管道。

身体素质是幸福生活的基石，是所有梦想的载体。要培养优秀的孩子，首先要练就强健的体魄。儿童阶段是一个人一生的开端，其身体健康是终身健康的基础。人的发展规律表明，在个人发展的征程中，每一个阶段的发展都是以前一个阶段为基础，向下一个阶段过渡的形式进行的，而下一个阶段发展的准备则是以前一个阶段的发展为前提。如果前一个阶段向下一个阶段过渡的准备是完善的，这个过渡就能顺利进行，否则就会受到阻碍。

从这个意义上说，任何一个人前一阶段的发展都将成为后一阶段发展不可缺少的基础，儿童时期身体机能发展良好，基础打得牢固，在他长大成人之后更有利于抵御外部不良因素对身体的刺激。如果自幼体弱多病，则很难在以后的生命历程中弥补缺陷，这是不言而喻的。

著名英国教育家洛克在其《教育漫画》中提到，能够工作、感受幸福的前提是拥有健康；健康包括身体的健康以及心理的健康，而传统意义上的体质健康，对一个人的成长更加具有重要影响，它有时候也能左右一个人的心理健康行为。

户外运动让孩子更聪明

科学家通过白鼠实验发现，运动能刺激大脑中一些蛋白质含量的增高，这些蛋白质对于大脑负责学习能力部分的生长至关重要。另外，运动可以锻炼大脑中一个特殊的部分——海马体。海马体掌管着人类的主要记忆，有点儿像是计算机的内存,将几周内或几个月内的记忆鲜明暂留,以便快速存取。如果运动达到一定强度,海马体就会和肌肉一样,受到刺激而开始生长,从而会达到提高记忆力的效果。运动使大脑加速运转,科学家拿老鼠做实验显示,有运动的老鼠负责记忆的海马体比没有运动老鼠的大了15%,重了9%,神经细胞的树状突和突触增加了25%。除此之外,运动还使大脑年轻。有运动史的2岁老鼠的大脑与6个月大的老鼠一样年轻,有运动的老鼠,其大脑遭活性氧氧化分解的脂肪与DNA比较少。

美国一些专家从大数据样本中发现,儿童的和数学、阅读相关的测试成绩,跟他们的有氧运动水平是相关的。科学实践证明,2～5岁的孩子中,运动神经相对发达的孩子,对外部世界的感知能力和归纳演绎能力都比较强。因为,在运动和玩耍的过程中,孩子要完成掌握平衡、协调心理、处理问题等几十种与大脑和思维活动有关的动作。

户外活动让孩子拥有乐观坚强的个性

蔡元培说:"完美人格首在体育,运动不是别的,只是灵魂的操练。"大多数热爱运动的人都有一个乐观坚强的个性。户外活动是孩子亲近阳光和空气,走进大自然的最佳途径,也是使他们有健康体魄,能乐观对待人生的有效手段。

户外活动能助力孩子规律作息

睡眠是孩子生长发育的重要因素,培养有规律的作息,保证足够的休息时间很重要。生活有规律,孩子能够早睡早起,不仅能够让其正常发育,还能达到劳逸结合的目的,避免因为睡眠不足或者过于疲劳,而有损健康。

但很多孩子的作息都不太规律，晚上不爱睡，早上睡不醒。究其原因，大多数都是因为缺乏户外运动，精力得不到释放。适当的户外运动能够让孩子感到疲惫而且内心满足，能有效改善作息不规律的情况。

活动满足孩子探索的需求

动作与运动使儿童得以和周围的物质世界与社会环境进行深入的互动，从而给儿童带来大量新的经验，正是基于这些经验，儿童不断构建自己的知识世界。

在户外活动中，孩子所受到的制约大大减少，他们在更多的情况下是活动的参与者，因此更能充分发挥想象力、创造力和动手能力。

提高孩子的社会化发展

户外活动往往是需要与小朋友一起展开的，即使是简单的游戏活动，也有不少规则。因此，如何与他人交往、如何融入团队、如何解决冲突、如何赢得支持，孩子在活动中会自主地开动脑筋思考这些问题，从而逐渐提高社会化发展。

如何让不喜欢运动的孩子爱上运动

有些孩子一听到音乐就手舞足蹈，家长可以让他多听音乐，多看舞蹈，鼓励孩子跳舞。在舞蹈中，孩子能提高自我表现能力，也能培养运动能力，对孩子的形体和气质培养也有着很大的帮助。

有些孩子天生对球类就比较感兴趣，家长可以选择球类运动来锻炼他的运动能力。喜欢体育的爸爸可以在家看球赛时给孩子进行讲解，或者带孩子去球场看比赛，和孩子一起玩球。

每个孩子都有自己的天生个性，如果孩子确实不喜欢运动，家长也不应该勉强。不过在确认此点之前，家长尽量要保持耐心，循序渐进，不能着急，力求稳妥。切勿抱怨和责怪，以免激起孩子对户外运动更强的抵触情绪。带领孩子多多尝试和体验，有些孩子以为自己"不喜欢"或"没兴趣"，其实只是因为还没体验到乐趣。

5. 培养孩子的创造性和判断力

5岁孩子学会独立思考和独立判断很重要

妈妈给5岁的儿子拿回来一个万花筒。孩子高兴地看呀看，摆弄来摆弄去，不一会儿，他把万花筒拆开了。发现里面有三片镜子，和一些塑料小花片，还有塑料盒。他很高兴地说："噢，原来是这么回事啊！"看明白之后，他试图把万花筒重新装上，可试了好几次，却没有成功。他着急地跑到妈妈跟前，指着一堆零件说："妈妈，这个坏了！"

妈妈应该怎么说呢？

"你怎么把刚买回来的东西就弄坏了呢？"

"你怎么这么不爱惜自己的玩具呢？下次妈妈就不给你买新玩具了。"

"别着急，你想想你刚才是怎么拆下来的。是先拆的这个吗？"

虽然我们都是知道第三种回答是最好的，但前两种回答是不是最普遍的呢？我们常常不假思索就脱口而出。

伟大的物理学家爱因斯坦说："学会独立思考和独立判断比获得知识更重要。"他还说："不下决心培养思考习惯的人，便失去了生活的最大乐趣。"因为我们不假思索的责怪，不仅让孩子失去了独立思考的机会，更缺少了体验独立思考带来的乐趣。

著名漫画家蔡智忠四五岁的时候，有一次趁父亲不在，溜进书房玩耍。当他看到桌子上瓶瓶罐罐里的墨汁时，玩兴大起，他拿毛笔沾满红墨汁，在客厅通往书房的墙壁上作画。片刻之间，一个个小圈圈组成的小人跃然墙上。父亲回来后看到了墙壁上的涂鸦，不由得火冒三丈。他追着儿子，恨不得立刻打他一顿。不过，父亲最终没打他，只是骂了两句。后来父亲给蔡智忠他买了一块小黑板和一些画笔。从此，这块小黑板成了他艺术想象力自由驰骋的天地。

孩子都有刨根问底的天性，不止是亲口问大人问题，很多时候他们还把不知道原理的器具拿来亲自试验一下，比如拆卸玩具。苏霍姆林斯基认为："儿童的智慧在他的手指上。"孩子有了动手能力，他就获得了探究解决问题的方法，形成了良好的思维方法和思维素质，为他们的终身学习和发展奠定了良好的基础。

有的父母把孩子的一切事情都安排得十分妥帖周到，从来就没有什么事需要孩子自己去考虑、去想办法、去解决、去处理，长此以往，孩子的思考能力就被扼杀了，就更谈不上解决问题的能力了。

通过一些方法把孩子的思考能力还给他们

·培养孩子打破砂锅问到底的习惯，鼓励孩子凡事常问个为什么，父母也要不厌其烦地给予正确回答。如果父母对孩子的提问努力表现出兴趣，与孩子一起去思考，去寻求未知的答案，孩子提出问题的欲望就会不断增强。

- 不阻止孩子探索性的行为活动。如果孩子为了看个究竟，拆卸了玩具和物品，大人不要生气、谴责。
- 倾听孩子有意义的"瞎说"，允许孩子有"稀奇古怪"的想法。比如遇到交通堵塞的时候，孩子向你描述他要造一种带翅膀的汽车，如何在天上飞过去时，父母也可在旁边"添油加醋"。
- 欣赏孩子的自由绘画，多给孩子一些启发式的指导。如孩子画汽车，可以问他，汽车是开在田野里还是大城市里？车上有几个人？司机是男的还是女的？
- 要让孩子有单独玩耍的时间和空间。孩子在自己房间专心入迷地玩时，不要随意打断。
- 培养孩子动手操作的兴趣。孩子认识事物，学习操作，往往受情绪影响。因此，你可以根据孩子的这一特点来激发兴趣。如对孩子说："这个玩具多酷啊，要是你能做出来，那就更酷了。"父母以各种形式促使孩子情绪高涨，活跃他的思维。
- 日常生活中，父母可有意识地安排一些操作内容。如引导孩子自制玩具，可让孩子综合运用折、剪、画、编、扎、钉、粘等方法。
- 父母还可以引导孩子做科学小试验，可为孩子准备纸、布、线、胶水等做实验需要的材料。
- 父母还可引导孩子整理玩具、修补图书、洗刷鞋袜、铺床叠被等，既锻炼了孩子的动手能力，又活跃了家庭生活气氛。
- 孩子都有强烈的好奇心，但这只是一种无序、自发的本能，仅靠这种好奇心无法准确地观察和探索种种未知的现象并掌握其本质和规律。因此，父母要有意识地从一些比较重要的、特别的、带有规律性的自然现象开始和孩子一起观察一起探索。
- 父母要和孩子建立和谐、融洽的朋友关系，不妨和他一起动手打开玩具看看内部结构，了解玩具是怎么制作的……

孩子的"破坏性"背后隐藏着很多天赋：探索能力、创造才能、思维能力、动手能力……因此，做父母的千万不可小瞧孩子的"破坏行为"，如果父母用正确的方法引导，孩子一定会在某些方面表现出特殊的才能。

6. 启发并保护孩子的想象力

想象力对5岁孩子来说意味着什么

世界上凡是具有创造性的活动，都是想象的结晶。没有想象，人类就没有预见，就没有发明创造，就没有艺术创作，更没有我们现在的生活。

有这样一句话：科学源于幻想。没有幻想，人们根本就没有探索的方向。想象力对于一个杰出的人才来说，是十分必要的。想象力应用到实际中去的多少，也是评价一个人能力高低的一个重要标志。

科学表明，人的大脑具有四个功能区：感受区、储存区、判断区和想象区。大部分人只是较多地动用了前三个区域，想象区的运用率尚不足1/6，还有大量的潜在资源可以挖掘。

开发孩子的想象力对提高孩子的智力有重大的意义，当然要用科学的方法和手段。这一切的前提是父母一定要珍视孩子的好奇心。孩子对世界上的一切事物都非常好奇，总是瞪大眼睛去感知、去观察、去想象、去发问，想要发现世上所有的奥秘。

好奇心强的孩子一般创造性也比较强

历史上有成就的科学家、发明家、艺术家在孩提时大多具有极强的好奇心。只有对事物好奇才可能去积极地想象，才可能去进一步探究，才可能出现新的发明和创造。

爱提问题，是5岁孩子好奇心强的具体表现。他们会时不时地提出一些成人看来幼稚、可笑的问题，有时也会提出很多让大人难以回答的问题。有个妈妈说："孩子最近总是爱问为什么。一开始我很惊异于孩子能提问，可渐渐，问题越问越多，我就招架不住了，一方面我不想让孩子失去对这个世界的好奇心；另一方面孩子这样缠着我问这问那让我感到非常的烦躁，不知该怎么办。"

这是很多5岁孩子的家长共同的困惑。父母不要对孩子提出的问题表示轻视、嘲笑，也不要以"这个你现在不懂，长大以后再学！"等语言来敷衍孩子，应尽量以通俗易懂的语言为孩子讲解。

"这个问题提得好！妈妈也不是很清楚答案，我们一起用电脑查查吧！""这个问题的答案我想是这样的……""这个问题把我难住了，让我好好想一想。""我们讨论一下好吗？""咱们一块儿看看书，我记得这本书里好像提过。""你的问题也是我的问题，如果你明天去幼儿园问老师，老师给了你答案，你再告诉我好吗？"父母可以选择类似的回答，尽量以不同方式帮助孩子解决问题，让他也慢慢学会自己寻找问题的答案。

提问是孩子渴望接触事物、理解事物和探查事物本质的表现，父母不要用批评、不耐烦的态度对待这些提问，应用简单、浅显、适于幼儿接受的语言给孩子讲解基本的道理。

如果这个问题父母自己也不懂，要坦白地告诉孩子，并和孩子一起寻找答案。这会让孩子认为自己的问题很有价值，以后会更乐于思考和提问。

好奇心也是孩子驱动思考的心理动力。孩子好奇心很强，也很容易满足，而且随着年龄的增长，这种好奇心会逐渐减退。父母可以经常用发生在周围的事情启发孩子的思考，并且尽可能地带孩子去参观、游览，让他们接触新的环境、新事物、新朋友。孩子接触外部世界的内容越多，好奇心就越强，探索的兴趣也会越浓，进而锻炼了思考的能力。

第七章

5岁孩子的
自立能力培养

当孩子5岁的时候,他也逐渐要求独自做一些事情,绑鞋带、洗澡、铺床、摆放餐具等等。看着孩子逐渐变得独立,家长心里苦乐参半,一方面学会照顾自己是个人以及社会发展的重要部分,另一方面孩子不再需要家长则会让家长觉得有些难过。

1. 5岁孩子的自理能力相当棒

独立吃饭

通常，5岁孩子自己用勺子、叉子、筷子吃饭都已经完全没有问题了。不过，如果要求这个年龄的孩子一定要做到很好的餐桌礼仪可能还比较困难。他们仍然喜欢在吃饭时喋喋不休、磨磨蹭蹭，甚至跑来跑去。就算不跑来跑去，他们也可能会在椅子上不停地动，转来转去。不过，相比4岁孩子没吃几口，就嚷嚷着要到客厅看动画片，5岁孩子还是能坐在饭桌旁。他们不需要家长喂，并且能独立吃完，这就是5岁孩子能做到的。

虽然并不是每一个5岁孩子都能乖乖地吃完每一顿饭，但是5岁孩子的食欲明显比之前好多了，而且大多数5岁孩子都能善始善终地做完每件事情。虽然他们有时候拖拖拉拉，让你看得心急火燎，但总算能把饭菜吃完。所以幼儿园里老师经常会利用5岁孩子的这个特点，在吃饭时举行"光盘"比赛，看谁吃得最干净。

那么，对于5岁孩子来说，餐桌上的哪些食物是他们最喜欢吃的呢？其实，这个年龄段的孩子喜欢吃的食物还是比较单一的，像最常见的生菜、茄子、胡萝卜、肉类、水果以及牛奶就能满足他们的口腹之欲。这样的食物对孩子来说没什么压力，很容易"解决"掉；而食材丰富的炖菜、调料偏重的腌菜、卤菜等往往会被他们拒绝；尤其是那些黏糊糊的食物更是会遭到5岁孩子的强烈排斥……当然，并不是所有的 5 岁孩子都如此，有些从小就跟家里人吃惯了重口味饮食的孩子也是有的。不过，如果你带 5 岁孩子到一家别致新颖的餐馆进餐，因为好奇，他们也许会尝试一些以前从未吃过的东西。

5 岁孩子用勺子和叉子吃饭的能力比起三四岁时真是厉害了很多，也有相当一部分 5 岁孩子能把筷子用得很不错，这取决于父母让他们开始尝试的时间和是否一直坚持让他们练习。尽管他们的小手对餐具的使用已经很灵活，但还是经常会把食物弄在盘子或碗的外面，或者把汤汁洒到桌子上。而且他们经常嘴里一边含着正在咀嚼的食物一边滔滔不绝地跟你讲述他今天的见闻和心得，并发表评论。长期下去，这种进餐习惯还可能会影响食物的消化吸收，父母可能要多次提醒。

5 岁的孩子通常是愿意接受建议和意见的，所以餐桌礼仪可以开始训练了，只是不能太心急。每一项规定，恐怕都要你反复地说上几个月他们才能记住，只要耐心即可，毕竟优雅的餐桌礼仪就是一种长期的习惯和环境的熏陶。

要想让孩子饮食习惯好，就尽量烹饪一些孩子喜欢的食材和口味，这样孩子吃饭的积极性会高一些，父母也会省心一些。而要想让孩子餐桌礼仪好，就尽量选择一些容易进食，不太为难孩子的食物，比如容易掉渣的东西就尽量分成小份，以免孩子夹起一大块，一边吃一边掉；选择无刺或刺少的鱼类，以免孩子一边吃一边吐刺，吐得桌子上到处都是，还存在很大的危险。而要想让孩子身体健康，平时生活中就一定要给孩子提供丰富多样的食物，保证各种营养物质的均衡摄入。

可能很多父母还不知道，儿童多动症和日常身体操控能力也和饮食的种类息息相关。如果孩子食用过多含人工色素或是香精的食物，不仅会削弱他们的消化功能，还有可能会引发儿童多动症及其他一些病症。

据科学研究发现，儿童多动症目前之所以呈现逐渐增加的趋势，跟孩子不合理的饮食结构有很大关系。如果孩子吃了太多的面包、蛋糕、饼干等甜食，大脑的前叶皮层，即前脑，就会因为缺乏对其有益的营养素而停止运作。这时，人脑中的原始脑，又叫情绪脑，就会站出来"操控"孩子的身体。所以，我们经常会看到很多孩子只要情绪一上来，就会表现得非常叛逆、暴躁，让父母觉得实在是难以管教。

自觉睡觉

5岁孩子正处于幼小衔接阶段，在很多事情上都要为进入小学而做准备。一般来说，大多数5岁孩子到了晚上8点以后，就会逐渐进入睡眠状态。5岁孩子上床睡觉不像更小的孩子那么难，白天时精力得到充分释放后，到了晚上他们大部分都能自己主动上床做睡前准备。比如有睡前阅读习惯的孩子，会主动请爸爸妈妈上床和自己一起读书，或自己捧一本书翻看；有睡前听音乐习惯的孩子，会把音乐打开，躺进被窝里静静聆听；喜欢搂着玩偶或小被子的孩子，也会早早准备好。

不过睡着之后，可能就没那么美好了。由于5岁孩子接触到了更多的童话故事或科普知识，那些故事中的妖魔鬼怪或恐龙鲨鱼会跑到他的梦里。以至于他会惊醒，甚至在梦中哭得泪水涟涟。不过，第二天一早，如果你问他昨晚梦到了什么，以至于大喊大叫的，他可能什么都记不起来。

孩子做梦是十分常见的事情，并不总是噩梦，也有有趣的梦，父母不必焦虑。对于5岁的孩子来说，由于他们尚不能明白梦究竟是怎么回事，所以他们仍然需要你的安慰。这时，你需要温柔地抱抱孩子，让他觉得自己是安全的，要知道没有什么比父母的声音更能抚慰孩子的了。当然，你也可以和孩子讲一讲梦的形成及原因，让孩子明白梦其实是虚假的，从而缓解孩子做噩梦后的恐惧心理。

总的来说，5岁孩子的睡眠大多是愉快的。当然，孩子良好的睡眠习惯的养成也离不开父母的引导和帮助。

大小便自理

一般来说，大多数孩子到了 5 岁，都已掌握了一定的如厕技能，养成了很好的如厕习惯。于是，我们经常会注意到，很多 5 岁孩子已经能够掌控自己的大小便，并且不需要别人的帮助。而且 5 岁孩子的憋尿能力更强，小便的次数相比以前也减少了。当然，也有一些紧要关头，他们直到实在憋不住了，才会飞快地往厕所里跑。

不过，如果 5 岁孩子的注意力始终在他们感兴趣的事情上，尿湿裤子的情况也会时有发生。但是父母仔细观察的话，还是能发现一些信号：比如，当孩子坐在地板上玩耍时，小屁股不停地摇来晃去。这一下意识的动作其实就是孩子想要尿尿了，如果父母未能及时提醒孩子，他们很可能就会这么一直憋下去。为此，父母最好每隔一段时间，就提醒孩子去一趟厕所。或者彼此之间做一个约定，一旦孩子听到什么特别的声音，比如吹口哨之类，就赶紧去上厕所。

另外，在尿床这件事上，大多数 5 岁孩子已经能够做到整晚不再尿尿，当然，也有一些孩子需要父母的夜间唤醒。通常父母可以掌握一定的规律，比如半夜 12 点左右叫孩子一次，便能放心睡到大天亮。不同的孩子起夜时间可能不太一样，需要父母细心观察，总结经验。

有的父母不愿意半夜叫孩子起来，认为打扰孩子的睡眠不太合适。那么父母可以把准备工作做得更足一些，比如准备一个小马桶，半夜叫醒孩子时，他们不必走到很远的卫生间。这样一来，每次孩子想要尿尿的时候，不仅能在第一时间得到大人的帮助，而且尿完之后，就能直接回到床上，不至于影响睡眠。

另外，还有一些 5 岁孩子仍然会在半夜尿床，西方儿童研究者普遍认为，尿床对 5 岁孩子来说，仍是属于正常的现象，最好 6 岁之后再进行干预。平时，我们还是准备得更加充分为好，比如对有尿床习惯的孩子，睡觉之前可以铺一个易洗易干的小垫子。当孩子尿湿后，马上就撤掉。

在这里要提醒爱尿床的孩子的父母，下面几个小技巧可能有助于孩子改善尿床现象：

①为避免孩子夜间熟睡后不易醒过来，白天应注意不要过度疲劳；

②中午最好安排一个小时的睡眠时间；

③晚饭菜少放盐、少喝汤；

④睡前防止孩子过度兴奋；

⑤养成睡前排空小便再上床的习惯；

⑥训练孩子白天憋尿也会有助于此，每当出现尿意时，可以推迟几分钟。

对于尿床的孩子，千万不要责怪、打骂，因为孩子也不想尿在床上，他完全是无意的。

大多数5岁孩子基本都会一天大便一次，并且都是在差不多的时间，相当有规律。当然也有少数孩子会有便秘或不规律的烦恼，父母要在饮食和作息习惯上寻找原因，然后调整和改善。不过，5岁孩子也可能会把便便拉在裤子上，若是出现这种情况，父母切勿责骂，要帮助孩子找到原因，是否有生理和心理上的异常。

通常，经过家长有意识培养的孩子，到了5岁，其手指的灵活性在各种游戏中得到了充分的锻炼，就具备了折叠卫生纸、自己擦屁股的能力。此时，孩子本身也有控制厕纸的欲望，整天争着要父母把卫生纸交给他，这是孩子想自力更生的表现之一。因此，父母应该顺应孩子的自然需求，帮助孩子完成这个任务。不过，这是个循序渐进的过程，对孩子来说，这也是他自立生活中最难的一关，父母要耐心指导，很多5岁孩子尚不能很好地完成这一任务也是正常的。

卫生习惯

5岁孩子的卫生习惯会因家庭习惯和个体差异有很大不同。"吃饭之前要洗手"和"拉完便便之后要洗手",如果家长一直都在有意识地培养孩子,那么孩子在5岁时就已经可以做得很好了。不过,如果没有人提醒,他们可能会忽略。有些孩子不喜欢洗手,可能是因为洗手池高度不合适、水龙头不够长、水温总是太凉或太热等原因,不舒服、不方便的体验让他们不爱洗手。所以,家长要尽量为孩子提供最方便、最适合的环境。

但是洗澡难度就大多了。有的家长以为5岁孩子手指灵活,完全可以自己洗澡了,但其实,大多数5岁孩子在洗澡这件事上还不能完全独立,很多时候,虽然他们能把自己的小手小脚、小胳膊小腿洗干净,但是好多他们够不着的地方仍然需要大人帮他们洗。大部分5岁孩子都不是特别抗拒洗澡,虽然也谈不上多喜欢洗澡,但至少他们认为在洗澡的时候能玩水是一件不错的事。但有些孩子就表现得很抗拒,究其原因,可能是每次洗澡的时间都恰好打断了他最喜欢的游戏;也可能是洗澡间的温度太低,觉得冷;或父母帮助洗澡时,动作太粗鲁,孩子觉得疼,产生了不安全的感觉。所以,我们有必要为孩子打造一个舒适、温暖、愉快的洗澡环境,然后才能与孩子共享这一特别的亲密时光。

另外,异性父母可以为5岁孩子洗澡吗?这个问题要看孩子的感受。孩子觉得很自在就没关系;如果孩子觉得不自在,说明他的性启蒙和隐私保护意识已经觉醒了,父母就要尊重孩子的意愿,让同性父母为他洗澡。

会穿衣服但不肯穿

现实生活中,很多妈妈都表示自己的孩子不肯自己穿衣服,总是要妈妈帮忙，可幼儿园的老师总是说他午睡前可以把衣服都脱下来并叠好，午睡后又可以自己穿戴整齐。

我们会发现，有的孩子在动手能力方面确实不太强，父母可以适当地提供一些帮助。比如，孩子穿衣服之前，父母先帮孩子把衣服找出来，最好能按从里到外、从上到下的次序放好，这样孩子就不用担心把衣服穿反，顺序穿错，主动穿衣的意愿也会强烈一些。

另外，我们还可以稍微降低一下要求，比如每周周一和周四可以由妈妈帮忙穿衣服，其他时间则要求孩子自己穿，或者是冬天的厚外套由妈妈帮忙，其他的由自己来穿。这样的协商，会让孩子觉得没那么大压力，更容易接受。

总的来说，如果孩子想自己穿衣服的意愿比较强烈，那父母就大可放手，鼓励他们自己的事情自己做；如果孩子还需要你伸手帮他一把，也不要袖手旁观，及时地给予孩子必要的指导和帮助。相信总有一天，孩子的自信和独立就这样在日复一日的陪伴中培养起来了。

2. 利用做家务培养5岁孩子的自立能力

家务活儿不是低端工作

一个学习成绩特别好的大学男生，很聪明，会好几门语言。本科毕业后被保送研究生，又顺利攻读博士，而后留校工作。但是，他连洗件衣服都不会。小时候父母离婚，他妈妈把所有的爱和精力都倾注在他身上，除了读书，妈妈什么都不让他干。每次开学，他都会带上好几箱衣服，穿脏后，再从箱子里挑一件相对干净的，等到放假，把所有衣服塞回箱子里，带回去给他妈妈洗。妈妈替他包揽了一切家务，只为他能够专心学习，将来有出息，然而，事实总是不尽人意。这么多年过去了，他生活得并不如意，工作平平，家庭不和，生活中各种挫折不断。他的闪闪发光，好像只停留在读书考试时了。

这样的人生一定不是父母想要给孩子的，但如果孩子在儿童时代被以爱的名义剥夺了做家务的权利，他的一生将面对很多意想不到的困难和挫败。

如果你是一个从小被家长一手包办了所有家务劳动的人，那你现在一定在家庭生活中有这样的感触——"整理家务、做饭这些事太花费时间了，严重影响了我的工作和学习。""幸亏有父母帮忙，否则我的工作和生活真是无法平衡。""为什么上了一天班回来还有这么多事要做？真的力不从心啊。""我的孩子一定要从小练习做家务，长大后这些杂七杂八的事就会手到擒来，游刃有余了。"……

而你在工作中也可能会经常发出这样的困惑——"为什么我读了那么多书，却处理不好接待客户代表这种看似简单的小事情？""为什么我上学时那么优秀，走入工作却如此平庸？""为什么别人总能把工作安排得井井有条，我却总是颠三倒四，乱七八糟？"

很多年轻的家长都认为家务活儿都是没有工作的家庭妇女干的，是没有出息的事情，这是严重的偏见。家务事从来不是小事，家务活儿也从来不是低端工作。每个家庭都是组成社会的最小单位，社会安定离不开每个家庭的平稳、健康运转。洗衣、做饭、搞卫生只是狭隘的家务活儿概念，真正的家务活儿包含了细致而广泛、专业而复杂的各种需求。要想维系一个家庭的正常运营，必须具备多种能力——烹饪、驾驶、清洁、育儿，甚至还要有一些理财技能（掌控家庭收支平衡）和一些交际手段（维系幼儿园老师等各种关系）。这些技能学校不会开课传授，却是每个孩子独立生活后必须具备的。

如果从小完全都没有接触过，我们怎么可能指望孩子长大后突然就会了呢？奥数一等奖的孩子，如果从来没进过厨房，也不可能长大突然就会烧一手好菜；英语演讲第一名的孩子，如果从来没自己洗过衣服，他也不会知道深色衣物和浅色衣物需要分开洗涤，更不知道丝织品和毛织品该用什么样的洗涤方式和洗涤用品。而正是这些看似不重要的小事影响了我们的生活质量和幸福感，甚至影响了我们掌控自己人生的自信心和安全感。

心理学上认为，替孩子做他所能做的事情，会让孩子非常气馁，会剥夺孩子体会自己能力的机会。孩子无法了解自己是否有面对问题、解决问题的能力，更加无法从能力增长中发展出安全感。长此以往，孩子会变得无助、依赖他人、能力低下。

从生理上而言，做家务是按照孩子自身的发展规律，去完成相应年龄段所必须掌握的技能的重要活动。安排孩子完成相应阶段的家务，能促进他们在此阶段的身体成长。

很多发达国家早就意识到了家务对孩子身心发展的重要作用，所以，他们不仅提倡每个孩子都要参与家务劳动，甚至还写进了法律。

在德国，孩子做家务是由法律规定的，有详细的规则明文：6岁之前的孩子可以玩耍，不做家务；6~10岁的孩子，要洗碗、扫地、买东西；10~14岁的孩子，要修剪草坪；14~16岁的孩子，要洗汽车、整理花园；16周岁以上的孩子，每周大扫除一次。对于不愿意做家务的孩子，父母可以向法院申诉。

孩子不做家务，父母可以把他告上法庭，这在我们中国家长看来是不可想象的。但若你深思后，就会觉得颇有道理，家庭和社会不是完全割裂的，而是紧密相连的，每个孩子作为一个家庭成员的同时，也是一个社会人，做家务是一个人家庭责任感的体现，也是对社会责任感的体现——不成为无用之人也是对社会负责。所以不做家务的孩子，社会会帮助父母共同管理。

不只是德国，还有很多国家在孩子做家务的问题上，都是尽量支持和引导。研究表明：美国孩子每天的家务劳动的时间为1.2小时，韩国孩子是0.7小时，英国和法国的孩子大约是0.5～0.6小时，而中国孩子却不足0.2小时。

而这种差距的根源在于家长对家务活儿的偏见，以及在引导孩子参与家庭运营，履行自己作为家庭成员的权利和义务方面的忽视。

做家务的好处

事实上，孩子不断学会新的家务技能的过程，也是身体与心理、知识与能力不断发展完善的过程。做家务对孩子的帮助大致可以从以下五个方面体现：

1. 养成良好的生活习惯

有一个妈妈说："我不让我女儿学做家务，就是不想她将来嫁人后，被婆家当作老妈子使唤，不会做就不用做，自然会有别人去做。"而另一个妈妈告诉她的女儿："我要你从小就会做家务，不是为了让你以后讨好任何人，而是希望将来无论发生什么事情，你都拥有在这个世界上独立生存的最基本的技能。"其实无论对男孩还是女孩来说都是如此，一个会做家务的人，他最起码有整理、归纳、分类、清洁的能力，将来无论和什么人生活，或是独自生活，都可以将自己的生活打理得很好，不需要依赖别人来遮风挡雨。而一个有着良好的生活环境和生活习惯的人，在学习和工作上获得成功的机会也更大一些。

2. 帮助培养自信

每个孩子从婴儿期开始，就想要自己做事。婴儿时，孩子会因为想要吃东西，过来抢吃辅食的勺子。1岁多时，妈妈给孩子换过尿布后，孩子会学着大人的样子自己把尿布拖到垃圾桶边，扔进垃圾桶里；上完早教课，孩子兴奋地过去帮老师收拾玩具，然后帮忙抬起装满玩具的篮子。2岁多时，妈妈搞卫生，宝宝也会在旁边收拾玩具，拿自己的小扫把到处扫扫。每当孩子学会一种技能，他的脸上都会带着兴奋的光芒，一边拍手，一边蹦跳。就像当初一点点惊喜于自己能爬行和走路一般，孩子对于自我每一项技能的进步，都会表现出不可思议的欢欣。

那种成就感，是家长的代劳无法获得的。人类在解决温饱问题过后，都需要有一种成就感，尽管这种需求的多少因人而异，但是在我们每个人的内心世界都存在。成就感对成年人来说可能是登上了一座高峰，可能是拿下来一笔大订单，而对婴儿来说，就是学会了走路，学会了说话，对幼儿来说，就是自己穿上衣服，自己上厕所。再大一些，则是自己洗袜子、洗衣服，成了爸爸妈妈的得力小助手。

成就感能让人感到内心愉悦，对培养人的自信心有相当积极的作用，当孩子会做或做好了一件家务事时，孩子内心中就会产生成就感，自己也会得到积极的暗示：我能行。

3. 乐于帮助别人

一个小孩小时候和爷爷奶奶生活，衣来伸手，饭来张口，就像家中的小皇帝，而且常常对爷爷奶奶大吼大叫。后来，跟着他妈妈生活，不仅被要求自己吃饭穿衣洗澡铺床，而且每天都要帮家里倒垃圾，每周末要扫地抹桌子，对房间进行大扫除。后来别人对他的印象都是彬彬有礼、乐于助人。家里来了客人，他跑前跑后地帮妈妈洗水果、拿茶叶；主动给阿姨们带来的小宠物喂食，照顾小弟弟小妹妹。大家都夸他热情周到，而且"眼里有活儿"。为什么有的孩子眼里有活儿，而有的孩子空有一腔热情好客的心，却不知道干什么呢？因为经常干家务，孩子积累了丰富的帮助别人的经验。这也是重要的社会交往技能。

4. 正面影响孩子的学习

很多父母认为孩子的主要任务就是好好学习，其他的事情包括家务活儿都不要管。父母一味地关注功课，会让孩子很有压力，很容易让孩子产生厌学的情绪。相反，经常做家务的孩子，成绩并不差，因为做家务能锻炼很多能力，包括双手的灵活性、手脑配合的能力。爱做家务的孩子，肢体能得到充分锻炼，手眼协调能力也会得到提升。做起事来善于思考，有条理，学习时也会更关注统筹规划，学习效率更高，成绩更好。

5.有更强的责任感、归属感、安全感

让孩子适当地分担家务，参与到家庭日常劳动中，会让他有强烈的家庭成员意识，知道自己作为家庭的一份子，不仅有享受美好家庭生活的权利，更有创造舒适家庭环境的义务。而付出了自己的大量劳动和心血的家，会带给孩子更强烈的归属感和安全感。具有家庭归属感和安全感的孩子，将来就会有足够的勇气和力量积极走入社会和面对困难，并对自己未来的生活更有责任感。

6.增强独立意识

当孩子学会了自己吃饭，自己扣扣子，自己整理房间，自己做饭、扫地、洗衣服之后，他便开始习惯每件事情都自己决定、自己做主，无论生命中的大事小事。这不正是我们最终要孩子养成的独立意识吗？作为父母，我们不能一直陪在孩子身边，世间的爱大多为了团聚，对孩子的爱，是为了分离。我们将自己的爱、体力、智慧和经验都教给孩子，为的是，有一天能让他们有内在的力量和信心离开我们。

做家务，不仅是教孩子自理和自立的技能，更是培养孩子精神独立、凡事敢于自己做决定的独立意识。孩子只有从心理上不再依赖父母，才能真正成长为独立的个体。

5岁孩子的家务清单

美国儿童教育家伊丽莎白·潘特丽，曾针对不同年龄段孩子的特点，

设计出一份《儿童学做家务年龄表》，明确列举了孩子在不同阶段应该学会的家务。在此将 5 岁以及之前阶段应该学会的家务列上。

· 帮助父母把垃圾扔到垃圾箱里；

· 帮助父母把洗过的衣服挂到衣架上晾晒；

· 给家里的植物浇水；

· 给家里的宠物按时添水、添粮；

· 整理自己的玩具和书籍；

· 睡前帮妈妈铺床、拿枕头、拿被子；

· 睡前叠好自己脱下的衣物并准备好第二天要穿的衣服；

· 自己准备第二天去幼儿园要用的所有物品，包括文具、书包和要穿的鞋；

· 帮妈妈叠好干净衣服并放入衣柜；

· 把自己的脏衣服放进脏衣篮里；

· 饭前帮父母摆放餐具；

· 饭后帮父母把盘碗放入洗碗池；

· 帮父母去门口取报纸、牛奶；

· 帮助父母擦桌子、椅子；

如何引导孩子做家务

首先，我们来看看，家长为什么不愿意让孩子做家务？

1. 怕帮倒忙、怕孩子受伤

让孩子去倒垃圾，他不小心把垃圾筒打翻，妈妈只好跑过去重新把垃圾收起来倒进筒里，并且说："不用你了，玩去吧"；让孩子去擦桌子，孩子不小心把桌子上牛奶杯碰倒了；让孩子把自己的小被子放进柜里，结果他不但没把被子放进去，还把柜子里一大摞被子碰翻出来；孩子在洗手池洗抹布，可能会因飞溅出来落在地上的水而滑倒；孩子去倒垃圾，可能会被垃圾桶附近的碎玻璃伤到……让孩子帮忙做家务，家长们最大的感受几乎就是"越帮越忙，还不够添乱的呢，搞不好还会受伤"。处在上有老下有小的年纪，我们多数人每天工作、生活都挺累的，这样的麻烦还是能避免就避免吧，于是，家长不愿意让孩子做家务，甚至不愿意让孩子做自己的事。为了图省事，会叫孩子起床，给他们扣扣子，告诉他们吃什么，穿什么，不要碰什么，甚至直接帮他们全部弄好，这样既方便又快捷。

其实，最开始做事难免犯错，尤其各方面经验和能力都欠缺的学龄前儿童，我们要不怕麻烦，给孩子犯错的机会。家长能够给予的最好的帮助和鼓励，就是承认并相信孩子有能力应对。我们不能把对自己能力的不自信和怀疑，投射到孩子身上，认为孩子也做不到，事实上，只要有足够的耐心和引导，孩子们比我们想象的要优秀很多。

2. 习惯了自己做

很多家庭从有了孩子的那一天起，家里的一切工作就都是大人自己亲历亲为，没有人让孩子去做过什么，因此大人习惯了自己做，就算知道孩子也可以做一点家务，通常也想不起来让孩子去做，就更别说认真安排和教导孩子如何去做。等发现孩子什么都不会时，孩子已经糊里糊涂地长大了。

这个问题归根结底是意识上的问题，很多家长对用家务来锻炼和教育孩子的意识还很薄弱，需要强化并认真思考到底该怎么执行。作为父母，保护孩子的心可以理解，但要学会避免过度保护，学会对孩子的练习机会保持敏感，学会向后退一步。

3. 产生不被需要的失落感

孩子小时候很需要我们，是我们为他们提供了衣食住行，是我们让他们有了舒适、安全的生活环境，是我们为他们的吃喝拉撒操心忙碌，孩子爱父母，依恋父母，也需要父母，这种需要让我们感到从未有过的满足和幸福。看着孩子一天天长大，自己会做的事越来越多，需要我们的事越来越少，有些父母在欣慰的同时，内心难免产生一种不被需要的失落感。

不以"为孩子好"的名义，做本该属于孩子自己的事情，是父母毕生的功课。在情感上，我们无法割舍和孩子的紧密联系。但是，当孩子不再缠着我们帮忙，他独立的样子，不是更让我们动容吗？

4. 怕耽误孩子学习的时间

有的孩子在幼儿园大班阶段就开始了繁重的知识学习，不但在幼儿园要上课、听讲，回家还要做家庭作业，有时要7点多才做完作业。家长心疼孩子，自然不肯再让他做家务，一切都安排得妥妥当当之后，就让孩子赶紧睡觉。周末时，不是上兴趣班，就是上特长班，一旦有个放松的时间，也肯定舍不得让孩子做家务。学习和休息是最重要的，做家务可做可不做。

其实，幼儿园的学习真的不必搞得那么紧张，很多不提前学文化知识的孩子日后学习也很优秀，关于这个问题，我们将在下一章详细讨论。而做家务确实是需要从小培养和锻炼的。

了解了家长的后顾之忧，我们再来分析一下孩子为什么不愿意做家务。

1. 从前做家务的经验告诉他，会被拒绝、会被责骂，因此再也不尝试

孩子帮妈妈拿粥碗，却不小心把粥洒了一地，妈妈忍无可忍，怒吼："跟你说了多少次，不要动，不要自己端碗！你看你，弄得多脏！"孩子抿一下嘴，哇地大声哭起来。

"看看你又把垃圾洒出来，下次让妈妈来收，你还小呢。"

"那个桌子你够不到，别掉下来，不用你擦，妈妈自己擦就行了。"

"说过多少次了，你不用动剪刀，这个不用你剪。"

一次次尝试，一次次被拒绝，一次次被责怪，渐渐地，孩子就知道了，所有的家务活儿自己都不能碰，一碰准没好下场。于是，再也不愿意尝试干了。

2. 家长的语言暗示让孩子觉得做家务很累

"我辛辛苦苦做家务，你却又给弄脏了，不珍惜别人的劳动成果。"

"我好不容易为你烧菜、做饭，你却这个也不吃，那个也不吃。"

"我为你打造这个环境多不容易,你还不好好学习,不听话。"

这些语言不但不会让孩子变得懂得珍惜,不挑食,好好学习,反而会让孩子无意中发觉做家务好辛苦、好累、好麻烦,并且无形中变得不喜欢做家务。

3. 时机不当

孩子正在看动画片,看得全神贯注时,你却说"宝贝,过来帮妈妈把这个垃圾倒掉";孩子正在搭积木时,你却说"儿子,去帮爸爸拿个抹布过来";孩子正在画画时,你却说"宝贝,我们一起给狗狗添点儿粮和水吧"……长此以往,孩子就会觉得"家务活儿怎么这么多,真讨厌""我不想做家务,我还想玩呢""每次都是自己玩得开心的时候,让我去干这个干那个,做家务真讨厌"。

孩子不是不喜欢做家务,只是不喜欢在自己做事情的时候被打断。但时间长了,他便以为自己不喜欢的是做家务。虽然我们不会故意阻止孩子发展独立和自主的能力,但却总在不经意间,错过了那些能够帮助孩子独立的各种机会。

那么,怎样才能让孩子愿意做家务?我们理解了孩子做家务的重要性,可内心依然充满了矛盾。对于父母来说,能始终鼓励孩子做家务,是一个极大的挑战。

1. 尊重孩子的意愿

收起责骂、羞辱,动不动发脾气的性格,就算孩子不愿意做家务、闯了祸,都要心平气和地和孩子沟通。这是对孩子的尊重。当我们注意维护孩子尊严、尊重孩子并且态度坚定时,孩子很快就会明白,他们的不良行为不会得到自己想要的结果,这会激励他们在保持自尊的情况下改变自己的行为。尊重孩子的态度至关重要,这才是孩子愿意合作的前提。

2. 花时间训练孩子

仅仅告诉孩子要收拾房间是不够的。面对乱糟糟的房间,孩子可能无从下手，他应该干些什么？不知道，因为从来没有人教他。他知道怎么数数，怎么画画，因为有老师教他，但是收拾房间，谁也没教他。所以家长要将事情细分，教孩子怎样叠衣服，要先收拾什么，后收拾什么，怎么扫地、擦桌子。当孩子掌握了能够让他体验到成功的足够简单的基本步骤，他就不会因为不懂而产生抵触情绪，反而会感受到自己有能力解决问题，可以依靠自己。

3.避免苛责和说教，给予鼓励和支持

给孩子动手的机会，允许他犯错，哪怕孩子把事情弄得一团糟，这其中一定有值得表扬的地方，或是大人自己应该检讨的地方。可以这样告诉他："妈妈知道你已经很努力很用心了，这次没有做好没关系，我们下次再接再厉，做的次数多了就会越做越好。"如果孩子做得好，要及时表扬，表扬要具体，不要空泛。比如夸他"把镜子擦得很亮，连角落都擦亮了"，而不要只是说"真棒，真好"。

4.有些后果可以让孩子自己承担

如果孩子不愿意自己穿衣服，那就让他不穿衣服去上学；如果孩子磨磨蹭蹭，就让他上学迟到；如果孩子不愿意收拾自己的玩具，就让他知道他的玩具会被收起来，以后都不能玩；如果孩子不愿意帮助爸爸妈妈，比如收碗筷或倒垃圾，就在他要求帮助的时候，拒绝提供，并且告诉他如果每个人都不愿意帮助别人，情况就是这样。

第八章

5岁后的幼小衔接是一道坎儿

幼小衔接是让孩子从幼儿园顺利过渡到小学的一个过程。我们不能单纯地把这个过程看成学习知识、择校、上培训班，而是需要从多个方面去入手准备。家长只有认识到这些准备的重要性，才能采取有针对性的措施，帮助孩子顺利适应小学生活。

1. 幼小衔接的三个误区

幼小衔接就是要提前学知识

有的家长以为幼小衔接就是要学拼音、学算术、学写字等知识性学习，以防孩子进入小学跟不上进度。因此自己提前在家教很多知识，有的家长甚至把小学二年级的知识也教给了孩子。没有条件自己教的家长往往会把孩子送到专门的"幼小衔接班"或"提前班"，让孩子在与一年级课堂完全一模一样的环境中学习一年级的文化知识。

这些做法都存在很大的弊端。幼小衔接是让孩子从幼儿园顺利过渡到小学的一个过程。我们不能单纯地把这个过程看成学习知识、择校、上培训班，而是需要从多个方面去入手准备。要了解我们需要从哪些方面入手准备，就要先知道孩子从幼儿园到小学都有哪些转变。

首先，幼儿园阶段，孩子的使命或者说任务，就是玩，一切所学都是从玩中获取，并且有大部分游戏和玩耍是不伴随任何学习目的的纯粹的玩。但到了小学，所有的课程、活动（包括游戏），都是为了更好地获取知识和技能。

其次，孩子的学习环境发生了变化。升入小学之后，无论是教室环境、校园环境，还是同学、老师等社交对象，都发生了很大的改变。比如在校园里，没有滑梯，没有转盘，没有娱乐设施，但是会有很大的操场、跑道，或是其他的一些健身设施。在小学里，老师不再扮演阿姨、妈妈、保姆这样的角色，而是传授知识的人。同学也不单纯是玩伴，而是一起学习的人。社交环境的改变意味着孩子要用新的身份，去适应这个新的环境。

再次，学习内容和学习方式也有了很大的变化。幼儿园时期，孩子们更多地是在游戏中学习，通过模仿和观察别人学习，并且对学习的内容不存在任何考核。但是上了小学之后，孩子要通过对课本的文字阅读和听老师的讲课来学习知识，对记忆、读写、计算等内容，不但需要学习和掌握，而且还要通过考试来进行考核。

最后，是生活方式和生活习惯的变化。幼儿园时期，孩子在幼儿园里主要是玩耍，回家后也还是玩耍。而进入小学后，孩子上学主要是学习，回家后还要写作业，玩耍的时间被大大压缩。

这一系列的变化，对尚为年幼的孩子来说，都是颇具难度的挑战。而幼小衔接的任务，就是基于这些变化为孩子做好各种必要的准备，而不是单纯的知识衔接。很多小学一年级的老师都认为："在幼小衔接问题上大家都过于注重智力对接，但这并不是幼小衔接问题的核心。"在这些准备中，知识衔接反而是最不重要的一环。试想，一个能快速适应小学的教室和校园环境、培养出小学生的生活习惯，并与同学、老师相处和谐的孩子，在学习上，即使落后也一定是短暂的，很快就会追赶上来的。

幼小衔接只是孩子的事

孩子升入一年级，这不是孩子一个人的事，也不是孩子一个人的成长里程碑，而是意味着全家人进入了一个崭新的生活阶段，因此需要做准备的，做好幼小衔接的也不仅仅是孩子一个人，而是全家人。

作为父母，在幼小衔接这个阶段第一件要做的事情就是树立角色的改变意识——爸爸妈妈要发自内心的认同并且接纳：我将是一个小学生的家长了。

作为一个小学生的家长,其责任和任务与幼儿园阶段是大大不同的,比如生活节奏上的巨大变化。

幼儿园的上学时间是早上8点到晚上5点,而小学的上学时间是早上8点之前到下午3点左右,因此如果家里没有老人帮忙接送的话,父母需要为这个时间调整自己的工作时间。再比如,通常幼儿园会提供一日三餐两点,而小学通常只提供午餐或者没有午餐,这就意味着家庭要为孩子至少准备早餐和晚餐。如果家里没有老人帮忙,父母就要为孩子的就餐做好安排。

再举一个例子,在幼儿园时期有些父母送孩子上学可能会晚几分钟,一般幼儿园老师对此不会有特别严苛的要求,也不会询问迟到的原因。但是上小学之后这个习惯一定要改正,因为迟到会让孩子在全班同学众目睽睽之下走进教室,孩子的心里会很不自在,而且还需要向老师解释迟到的原因。这种尴尬和内疚可能会给孩子创造说谎的动机,想一些听上去合情合理的原因来缓解尴尬和内疚。

另外,孩子三点放学后,是跟随父母回家,还是去参加兴趣班?还是去附近的小饭桌?这些也要提前考察和斟酌。

此外,对孩子学习的管理也存在差异。孩子刚刚进入小学,家长对其学习上的引导非常重要,不要以为一年级的课程很简单,父母就撒手不管。在一年级和二年级如果能帮助孩子获得学习的动力、养成学习的习惯、找到适合自己的学习方法,那么孩子在未来的学习中会越来越轻松,会沿着自己的轨道自动行驶,那时父母也会非常轻松。那么关于管理孩子学习的事情,是两个家长一起管,还是由一个家长来管?如果是一个家长管,那么应该谁来管?

现在的年轻父母,大多都是全职,因此管孩子学习的任务就会落在工作任务相对轻松、工作时间相对灵活的一方身上。不过,最好的选择标准其实是"谁愿意管孩子的学习就让谁来管"。因为有意愿的父母,他会更容易找到合适的管理方法，会愿意花更多的时间观察孩子，也会更有耐心和孩子沟通、交流，帮孩子总结学习上的技巧和规律，发现孩子学习上的问题。针对双方工作都很忙的父母，应提前制订好一个学习管理计划表，这个计划表中包含很多项目，比如，预习、复习、课外阅读延伸、兴趣课时间安排、错题本检查等等。然后针对这个学习管理计划表，父母双方进行充分讨论后明确分工。

总之，孩子升入小学后对父母生活的影响是巨大的，家长需要在各方面做出心理上的准备和实际行动上的调整、改变，努力成为孩子最有力的情感支持和坚实后盾。

幼小衔接就是暑假突击训练

有一个孩子升入小学一周之后，就对小学生活产生了强烈的排斥感，回家之后总是对妈妈说上小学的各种烦恼，比如，小伙伴不够友好，老师不近人情，上课还要双手背到身后，回家还要写作业，上学真是太讨厌了……妈妈完全没有想到孩子会如此不适应小学的生活，原本以为只不过是换了个环境，有些同学还是之前幼儿园就认识的同学，老师教的东西自己也曾教过孩子一些，以为孩子接受起来会很容易，因此只在孩子开学前送孩子去暑假班上了一个月文化课，却没想到会是这个样子。

这些家长在孩子开学前的暑假才开始做突击性的衔接工作，以为只要把相关知识提前学了，孩子开学就不会跟不上，幼小衔接就算完成了。岂不知，冰冻三尺非一日之寒，短期内只能灌输一些知识，却不能训练好孩子的生活能力和学习习惯。就算提前学了文化课，没有小学生该有的生活自理能力、人际交往能力、规则意识和学习习惯，也是无法适应小学生活的，更别提爱上小学了。

幼小衔接不是等到上小学前才开始做的，而是融入在孩子的成长和学习过程中的。准确地说，从孩子进入幼儿园的第一天，就开始为孩子进入小学做各方面的能力准备了。任何一种能力和习惯的培养都不是一朝一夕的事情，如果平时不加注重，只在最后的半年甚至一个月强化训练，不但不能取得想要的效果，还可能会使孩子在生理、心理各方面压力骤然加大，因而产生强烈的逆反心理和畏难情绪。

2. "知识抢跑"的弊端

影响孩子正常发展

很多家长可能想不到提前灌输知识对孩子会有一些负面的影响，他们以为顶多是孩子学不会，产生一些畏难心理而已，但其实提前灌输知识违背了孩子心理和认知发展的规律，对孩子各方面的副作用极大。

对于5岁孩子来说，由于他们的思维方式还是以形象思维为主，所以，父母不能急于给孩子灌输抽象知识，否则会事倍功半。学龄前儿童长时间集中注意力容易对神经系统造成伤害。长时间伏案学习侵占了孩子运动和玩耍的时间，使孩子的身体得不到锻炼。因为理解力低，往往靠死记硬背来学习知识，限制了孩子的思维发散，机械性的读写运算对孩子的想象力和创造力的发展也形成了阻碍。所以，如果为了让孩子多学会一点儿小学知识而阻碍了孩子未来更多的能力发展，真的是得不偿失。

家长为什么会担心孩子上学跟不上？

首先是家长对幼儿园教学目标缺乏认知。家长往往认为幼儿园什么都不教，孩子进小学什么都不会，但事实上，幼儿园的教学都有一定的目标，并且这些目标都是经过专家、学者多次科学实验和总结而制订出来的，它为孩子进入小学学习打下了能力的基础。比如数学逻辑方面的目标：

· 对周遭环境和事物产生好奇心，能透过各种感观亲身探索、实践学习。

· 对数学、科学学习产生兴趣，能观察日常接触事物的变化并做出简报。

· 能以口头、数字及图像等多种形式组织及表达探究调查的结果。

· 能把物体分类、比较、排列、序列。

· 能运用数字、运算和数学概念解决日常生活中的实际问题。

· 能用已有的概念或经验对事物进行判断、推理和分析。

· 能制订简单的计划以便进行学习、研究和建构知识，并能做简单的记录和评语。

如果孩子在幼儿园大班阶段，这些项目都能表现得很好，那么上小学后只要认真听课，按老师的要求去做，数学方面就不用过于担心。

其次是社会上幼升小抢跑现象太严重，让家长过度焦虑，盲目跟风。

因为不懂儿童成长发展的规律，家长中流行许多错误的观点，比如：上学自然要学知识；如果要想上学学习好，幼儿园就要打下好基础。因此，为了"赢在起跑线上"，很多家长争相把自己的孩子送进教学味很浓的幼儿园，然而，家长的这种普遍需求又造成了幼儿园不得不为了生存和发展，修改课程，走小学化道路以适应市场竞争。但这种改变虽然满足了家长，却坑害了孩子。

最后是家长对小学一年级在学习和教学上缺乏了解。

很多家长在孩子入小学之前，会听到很多"传闻"，比如，学校老师讲课特别快，没学过的孩子完全跟不上；老师根本不教拼音，因为大部分孩子都学了，没学过的只能自己想办法补；大部分孩子都会20以内的加减法，所以老师直接跳过去教后面的内容了……这些"小道消息"会让家长恐慌，认为直接解决办法就是提前教孩子学习一年级知识。但实际上，这些现象可能仅仅存在于个别学校的个别老师身上。家长应从正规渠道提前和要入的小学做好沟通，了解一年级的课程都是从哪里开始，教授的进度如何，而不是盲目听信传言。

压力大导致厌学

5岁孩子的逻辑思维能力刚刚萌芽，提前安排一些小学一年级的数学课程，孩子总是不理解、做不对，在学习过程中常常会出现挫败感。因为手部肌肉和骨骼的成熟度也不足以支撑孩子顺利掌握写字的技能，因此写字无法写得又快又好，总被要求擦掉重写，也让孩子身心疲惫。家长往往以为孩子的机械记忆能力强，因此灌输大量的知识要求记忆，殊不知，这种缺乏理解的记忆也是非常困难的，需要孩子付出大量的努力，因此大脑很疲惫……接踵而来、连绵不断的困难与疲惫，给孩子带来巨大的心理压力、挫败感和不自信。焦虑和紧张也给孩子带来更多的阻力，让学习变得难上加难，同时焦虑还让孩子无法集中注意力。久而久之，孩子原来对学习抱有的好奇和兴趣消失殆尽，一想到学习，就觉得困难重重、疲惫不堪、"压力山大"、避之唯恐不及。

学不会的知识可以晚点儿学，或重新学，但丢掉的兴趣和自信若想重新找回，则要困难百倍，有可能厌学的情绪要伴随孩子的整个学习生涯。

上课容易分神

提前学知识让孩子上课感觉很轻松，如果是参与感比较强的孩子，对老师讲重复性的内容也会认真听，温故而知新。但学龄儿童对知识的兴趣往往是源于新鲜感和好奇心，一旦这种新鲜感消失了，可能就不愿意参与了。尤其是一些性格上不爱引人注目的孩子，他们可能不会紧紧跟随老师的声音，参与回答问题，而是默默地发呆、走神，"搞小动作"。通常这样的孩子比较遵守纪律，不会影响他人，老师也不容易发觉他上课没听讲。做课堂练习、回家写作业，甚至考试，因为之前都学过，他们也能给出一个令人满意的答复。所以，他们上课不认真听讲的问题往往得不到暴露。等父母和老师发现，可能已经孩子已经升入二三年级，成绩下滑严重之时。

这时要想纠正和迎头赶上是十分困难的。上课走神的习惯一旦养成，要改起来十分不易。首先，落下的功课要在课余时间抓紧补上，这就会侵占孩子休闲娱乐甚至睡眠的时间。其次，白天上课孩子依旧延续注意力不集中，一堂课下来没听进去老师说几句话的状态，就会又有新的知识落下。长此以往，学习就会变得更加令他厌倦和疲惫。

跌倒在三年级上

家长圈里流行一种说法就是"三年级是道坎儿"。为什么这么说呢？因为很多在小学一二年级学习优秀的孩子到了三年级出现学习主动性差、上课走神、成绩大滑坡的情况，这种变化十分明显和普遍。因此，也被称为"三年级效应"。

为什么会出现这种情况呢？教育界普遍认为该现象和超前学习有很大的关系。从幼小衔接开始到小学二年级，这三年的时间孩子发展的重点其实主要是培养学习兴趣，找到自己的学习方法以及培养良好的学习习惯。但大部分家长却错误地认为主要任务是所谓的"打好各学科的基础"，因此前赴后继地跳进超前学习的陷阱里。超前学习的孩子上了小学后重复学习相应知识，往往感到很轻松，因此对学习可能会缺乏正确的认识，误认为学习很容易，自己很厉害。并且由于失败经验不足，难以形成对自己的全面认识和学习方法的总结。到了三年级，知识难度增加，而孩子却没有足以应对的学习方法和习惯，成绩自然急剧下滑。而上课走神、学习主动性差等问题在一二年级就有了，只不过在成绩良好的遮蔽下一直没被重视。

3. 要不要上学前班

5～6岁是学前期的最后阶段，孩子在这个时期个性基本定型。各方面能力，诸如记忆力、专注力有了大幅度提高，逻辑思维能力也大大增强，了解了很多社会生活的规则，养成了基本的生活习惯，即将步入小学，开启学校学习生涯。在这个时候，幼小衔接的工作提上日程。而幼小衔接困扰父母的首要问题，就是要不要上学前班。有人说学前班一定要上，有人说上了学前班太后悔了，到底是什么情况呢？下面我们将从两个方面辩证地看待这个问题。

为什么不上学前班

反对上学前班的家长普遍给出了这样几个理由：

1. 幼儿园大班已经完全满足孩子的学习需求，甚至超前了

这个确实是很普遍的现象，孩子刚一进入大班，就开始像小学生一样学英语、学拼音、学计算，上课时双手背后听课，放学回家还有作业要做，俨然就是一年级小学生的样了。这样的幼儿园已经比一些学前班还超前了，确实不需要去学前班了。

另外还有一些幼儿园没有完全按照小学一年级的样子去设置课程，但是也有了一些知识传授课程，学英语、学10以内加减法、学拼音，不过上课没有小学要求那么严格，放学后也不用做作业。但即使如此，也不是每个孩子都能应付过来的，所以也不需要去上学前班了。

2. 学前班离家太远，放学早，没人接孩子

孩子上的是公立的幼儿园，严格执行教委规定，大班没有超前学习，也没有另开学前班。而民办学前班离家太远，考虑孩子还小，每天来回太辛苦，而且学前班下午三点放学，比幼儿园整整提前了两个小时，家里也没有人能接孩子，就先不上了。至于上学后能不能跟上，这部分家长都认为："我们小时候都没上过学前班，学习也都没太差，应该没啥问题。到时再说吧。"

因为学前班离家远就不去上，如果小学离家近就罢了，如果小学离家也远，那是不是也不去上呢？另外，因为学前班放学早，家里没人接孩子就不去上了，那么小学也是下午三点或三点半放学，难道也不去上了吗？这样的理由显然是站不住脚的，只能说明家长对这个问题不重视，对孩子幼升小有一种自信，但愿这种自信不是盲目的。

3. 学前期短暂，不想人为地缩短它，想让孩子过一个完整的快乐童年

还有一部分家长认为，0~6岁的童年时光太短暂、太宝贵了，这个时间一过，孩子马上被学习、考试、兴趣班等包围，真正能玩的时间屈指可数，从此将与压力、痛苦、竞争相伴，所以还是不要人为地去缩短本身就短暂的童年时光了吧，毕竟童年的快乐对一生很重要，是为一生的幸福感打下基础的时间。

这样的想法有一定的道理，孩子的童年如果能更长一点儿、更完整一些、更快乐一些，确实是好事。这样的家长应该在孩子在幼儿园大班快乐玩耍的同时，也从生活习惯、规则意识、能力发展等方面为孩子入学做好

积极准备。

4. 怕提前学习扼杀孩子的兴趣和自信心

有些家长觉得孩子年龄还小，智力发展还不够，对枯燥的知识学习提不起兴趣，如果早早逼迫他学习，他会因为学不会、做不对而产生畏惧感，进而产生抗拒和逆反，反而为日后上学种下恶果。

这样的想法也是很有道理的，前面我们已经谈过，如果不考虑孩子的智力和心理发展水平是否能接受小学课程学习而盲目进行知识传授，极其容易造成扼杀孩子的自信心，使其失去对学习的兴趣。

5. 提前学了一年级的知识，上学时孩子便不认真听课，在作业和考试中也体现不出来，反而会养成不会听课的习惯

一个家长说了自己家的经历：因为怕孩子上学跟不上，就提前教授了孩子学习拼音、算数、英语等知识，孩子很聪明，也很听话，掌握得非常好。上一年级后，每次考试，三科成绩都是100分，丝毫不存在跟不上的现象，做作业也很认真。家长很满意，觉得自己的决定是对的。可是到了二年级，孩子的学习直线下降，家长认为是因为没有提前学，孩子跟不上学校的进度，只好天天辅导。然而到了三年级，孩子的成绩更差了，家长却因为工作原因，没有足够的时间辅导，急得不得了。这时再跟老师沟通，老师说，其实主要是孩子不会听课，浪费了课堂的时间，这个问题是长时间形成的，现在想纠正，确实不是一朝一夕的事，只能慢慢来。

为什么要上学前班

关于为什么要上学前班，过来人也给出了各种理由：

1. 为了适应小学的生活节奏

很多家长说，一年级老师讲课进度快，上了学前班都不一定跟得上，不上肯定跟不上。其实，这不是必须上学前班的理由，这是老师的责任。

无论孩子是否上学前班，学校一年级的老师都应该以适合这个年纪孩子心智接受能力的速度来安排课程，并且应该选择用孩子能够理解的语言和方式去传授知识。但是，自己家孩子的小学老师都是如此，作为家长，在沟通也很难改变现状的情况下，确实有必要考虑一下提前学习，跟上老师的速度。这绝不是一个好方法，只能说是无奈之举。

2. 别人都学，自己的孩子也要学

很多家长认为：大家都提前学，自己的孩子不学，就会比别人落后，会感受到挫败感，对孩子的学习和生活都不利。这虽然是现实，但也不是必须上学前班的理由。学习中的挫败感是在所难免的，即使上了学前班，如果总是跟他人进行不正确的比较和竞争，也可能会因为落后而感到挫败和焦虑。

3. 提前学能打个好基础

有的家长认为：如果提前学，孩子上一年级再学一遍，学得又轻松又扎实，能打下很好的基础，对日后的学习也很有好处。

其实，很多调查都显示，学龄前提前学习文化课的孩子，在一二年级的学习上，确实比其他孩子更有优势，但这种优势到了三四年级就完全没有了。那时，许多学龄前没有学习过的孩子也能迎头赶上，各方面表现并不比上了学前班的孩子差。

4. 孩子喜欢学

有的家长说："我的孩子虽然5岁，但很爱学习，学拼音和20以内加减法很轻松，毫无压力，所以就让他上学前班了。"

这种情况虽然少见，但也确实有，在孩子有学习意愿，并且有学习能力时，可以让他上学前班，但同时要注意在学前班培养良好的听课、回答问题、遵守纪律、记作业等习惯。

5. 提前熟悉学校环境和课堂氛围

有的家长认为："如果没上过学前班，孩子肯定不懂得遵守课堂纪律，上了小学，还在课堂上走来走去，下课不知道去上厕所，不会记作业，肯

定会被老师批评，如果总被老师批评，就会影响孩子对学校、老师的关系，进而影响学习兴趣。

家长的这种意识是对的，但有些学前班只注重知识传授，不注重培养，也无法帮助孩子养成良好的学习习惯和纪律意识。要看所要上的学前班是否考虑儿童心理发展程度，是否能满足对孩子习惯、纪律等培养的要求。

决定你做出选择的三个因素

经过以上正反两个方面的分析，我们可以得出一个结论：上学前班只适合部分孩子的情况。如何做出适合自己家孩子的抉择，我们认为应该从孩子、老师、课程设置三个因素去分析：

从孩子的角度来说：5～6岁的孩子对汉字具有强烈的兴趣，对数和量的概念刚刚启蒙，学前班的课程对他们来说，还是比较难的。在智力上即使能接受也有拔苗助长之嫌，如果不是特别喜欢端端正正地坐40分钟学习的孩子，还是不要强迫他去上为好。

从老师的角度来说：如果是碰上了一个对5岁孩子的身心发育非常了解的老师，那是很幸运的，老师会选择用孩子可以理解和接受的方式来传授知识，但如果老师仅仅用教一年级孩子，甚至是教高年级孩子的方式来授课，那对孩子来说，这种课堂是非常痛苦的，听不懂，又不能随便动，还不知道该如何提问，孩子对学习的恐惧可能从这里就开始了。所以如果打算上学前班，对老师的授课方式要做足了解。

从课程设置的角度来说：目前绝大部分幼儿园大班有这样三种形式：第一种，上课、作息形式都和小学一年级一样，相当于幼儿园开设的学前班；第二种，知识量不大，但对孩子来说也不小，课堂秩序、个人管理方面开始引导，但不和小学完全一样，还比较宽松；第三种，完全不教任何小学知识，仍以游戏为主。从时间分类上，学前班有这三种：全年班：从

9月开始上一年；半年班：从3月开始上半年；暑期班：暑假开始上一个月。建议还是选择课程设置稍微宽松和丰富的，即除了教授拼音、汉字、数学、英语等课程，还有艺术、音乐、游戏、科学、体育等轻松娱乐的课程。时间的选择则以孩子的发展程度为出发点，结合具体情况选择。

4. 幼小衔接到底衔接什么

树立任务意识

幼儿园的孩子做一切都是游戏，包括学习，是在游戏中完成知识与技能的获得。但小学学习中的游戏形式大大减少，并且放学回家后还要写家庭作业。另外，小学生除了上课听课、放学写作业之外，还要承担一定的班务和值日工作。这就需要孩子理解"任务"这个概念，养成"必须完成任务"的意识。

任务意识是指人在心理上具有努力完成别人交给的待办事项的意愿或倾向性。一般说来，任务意识强的人，工作、学习的目标意识也较强，在完成任务的过程中更能积极主动地克服困难，实现预期目标。

但对大部分学龄前儿童来说，所有的事情只分两种"我想做的"和"我不想做的"，而没有"我必须做的"这一项。著名教育学家陈鹤琴先生说过："凡是儿童自己能做的，应该让他们自己去做！儿童习惯养得不好，终身受其累。"显而易见，如果家长能树立起孩子的任务意识，日后孩子就可以轻松摆脱对成人的依赖，在心理上将学习和玩耍分开。那么，大家最担忧的"陪写作业"这件事也会变得简单、轻松。

一个任务意识强的孩子，目标更明确，责任感相对也会更强，而且为了完成任务，他对时间概念也更在意，并且会主动集中注意力，主动思考解决困难和问题。这些品质不但对孩子的学习有利，对他们的一生都意义重大。

如何让一个没有任务意识，大人让做什么就做什么的孩子知道自己主动做事呢？帮孩子制订计划，并引领他逐步完成，是一个方法。我们可以先和孩子共同通过制作一些小的计划，比如一周读完两本书，可以是文字比绘本多、比故事书少的过渡性桥梁书。定下哪天开始执行，哪天结束，每天什么时间做任务，每次多长时间，以及一些更具体的执行事项。在计划的逐步完成中，孩子不仅培养了任务意识，也培养了计划性和条理性，并收获了成就感。

在培养孩子任务意识的过程中，家长需要注意做出表率。比如有的家长对自己的任务不能及时、高效完成，能拖就拖，拖到最后一刻才急急忙忙去做，或是应付了事，这对孩子是有严重影响的。孩子就是家长的一面镜子，家长的行事风格对孩子有潜移默化的影响。

培养规则意识

良好的规则是一切活动的保障。规则意识及执行规则的能力是孩子社会性适应的重要内容。规则意识包括对各种规则的理解，知道怎样做是符合规则的，有遵守规则的能力和习惯。对孩子来说，就是能知道生活是有规则的，有了规则人们的生活才方便，每个人都应该遵守规则，能比较自觉地或在成人的提示下遵守日常生活规则、学习规则等等。

虽然孩子在幼儿园就会被要求遵守一些规则，比如，饭前便后要洗手、进门前要先敲门、走在路上要右侧通行……但这种要求的严格程度和要求的规则数量与小学相比要低得多，少得多。比如，小学有固定的上下课作息时间表，有固定的座位，学生要有耐心坐在座位上听课40分钟，听铃声上下课，上课要专心听课，不能随便走动或和小朋友讲话、嬉戏，发问要举手，有一定的课程进度，回家还要完成老师布置的功课，没有点心吃，要考试，要整理书包，带齐书本、用具，准时上学……如此多的规则和纪律，如何让"闲散"惯了的幼儿园孩子顺利适应纪律要求更强的小学生活呢？

可以用游戏的方式让孩子深入理解规则。开展角色游戏活动是一个不错的方法，让孩子扮演监督纪律的角色，比如扮演公交车上的秩序维护者（安保执勤或售票员），或者扮演小老师，指出并纠正违反纪律的人的错误。在要求别人执行规则的同时，孩子会深化对规则的理解，强化规则意识。

需要注意的一点是：规则意识的培养要持之以恒。孩子的规则意识不是一天两天就能形成的。时常出现反复也是正常的，但家长的要求要始终如一。比如，规定每天只能看一集动画片，就只能看一集，不能经常改变。否则那就不是真正的规则，对孩子没有任何约束力。

另外，对于孩子抵触的规则要反思其是否合理，如果是合理的，就要给孩子详细的解释，帮助孩子接受和认同这个规则，然后再执行。孩子能够接受后，往往会有一定的自发执行的主动性，并逐渐形成自律意识。

加强生活自理能力

自理能力是幼儿园教学中的基础内容，穿衣、吃饭、上厕所等等，到了幼小衔接时期，这个自理能力就要升级为独立意识，简单说就是"自己的事情自己做"。在升入小学的前半年到一年，家长要有意识地"放手"，让孩子养成自己的被子自己叠、自己的房间自己打扫、自己的文具自己整理、自己的作业自己完成等习惯。刚开始时，孩子可能做得不够好，家长可以给予适当的帮助，但切不可"大包大揽"。否则当孩子入学后，极有可能发生：今天忘了带课本，明天忘了写作业……因为孩子已经习惯事事都有家长在后面兜着。这些看似稀松平常的小事，其实在某种程度上，会影响孩子日后思维的缜密性。

家长要给孩子自己动手的机会，像穿衣系鞋带、洗漱清洁、铺床叠被、整理文具、开关门窗、扫地擦桌、摆放碗筷等生活技能，都是入学前孩子应该做到的。此外，家长要让孩子试着学会自己安排自己的生活，如房间、书桌等生活空间的摆设、学习和游戏活动的先后顺序和时间长短的规划等，尊重孩子自己的安排，对不合理的安排给予指导和解释。

生活自理能力强的孩子独立学习和处理问题的能力也更强，并且能够很快适应小学生活、学习成绩优秀，进入学校后在生活上对教师的依赖性更少。

培养交往意识和能力

未来的社会是一个开放的、互助的社会，良好的社会交往能力对一个人来说极为重要。儿童早期的人际交往技能、交往状况会深深影响其未来的人际关系、社会适应、自尊，甚至幸福生活。

当孩子到了新环境，如何与陌生的同学建立友情？当被人欺负了的时候怎么办？是否应该和老师打小报告？同学不愿意和自己玩怎么办？如何向老师咨询问题？不敢和老师说话怎么办？实际生活中孩子会遭遇的问题比我们能想到的还要多得多。

父母要做的是培养孩子人际交往的意识。交往意识主要包括主动与身边的同龄伙伴、教师打交道，能以宽容的态度对人，不胆怯、不害羞，与人和睦相处。孩子愿意与小伙伴一起游戏，有问题主动找老师，敢在老师面前发表自己的意见，不与小伙伴发生纠纷，能自己解决与小伙伴的矛盾，不攻击他人，被小伙伴接纳与喜欢等等。

让孩子有与人友好相处、结交朋友的意愿，让孩子懂得在恰当的时候以合适的方式寻求帮助。

在幼小衔接阶段，父母要抓住机会从小培养孩子的人际交往能力：给孩子营造一个和谐的家庭交往氛围，进行亲子互动和交往；多带孩子出去走走，接触不同的小伙伴，创造更多的交往机会；让孩子在团体游戏或活动中学会合作与分享，学习解决冲突。这些都将有助于孩子迅速融入新的伙伴团体，适应新的班级生活。

还可以通过给孩子讲故事，读绘本，帮助他理解他人，学会关爱，学会与别人交往。在听故事的时候，孩子通常会把自己全部的精力投注进去，他自己的理解也在随着故事的进行慢慢加深，他也就慢慢认识到并不是每个人看待事物的方式都与自己一样，也就慢慢学会了接纳、理解，学会了关心他人。

培养学习内驱力

西方谚语说："教育的本质，不是把篮子装满，而是把灯点亮。"当孩子学习的兴趣被点燃，学习的内驱力就会带领他主动探索和学习。那么，如何培养孩子学习的内驱力呢？

1. 引发好奇心

孩子天生就对世界充满好奇心，尤其五六岁的孩子好奇心十分强烈。但小学学习的方式和手段通常相对枯燥，因此孩子很难产生兴趣。这时就需要父母多做一些工作，由外部来引发孩子的好奇心。比如，孩子不喜欢学汉字，这时可以拿出一个字，从资料中找到这个字的甲骨文写法。告诉孩子，汉字是象形字，最初的文字就像一幅图画，一样就能看懂，现在的文字则是经过几千年的漫长变化，一点一点变成这样的。当孩子知道了几个汉字的演化的时候，就会觉得这种文字真的非常神奇，并且想知道更多的汉字最初是什么形象，里面包含了什么意义。这样，好奇心就被激发，兴趣被点燃，孩子便会开始喜欢学习和探究汉字。

2. 分解目标，获得成就感

获得成就感是幼儿做事的一大内驱力，比如1岁孩子喜欢扔东西，这其实是手部敏感期促使他要不断用手去探索，感受自己手部的运动，并为因自己的原因使物体产生变化而感到骄傲和满足。5岁孩子依然追求成就感，他们通常有强烈的好胜心。我们可以把大的学习目标分解成短期可以达成的小目标，并制订计划，关注孩子的执行和进展。目标达成时，给予表扬。在具体的学习中，比如每日完成作业中，也可以运用此法，将作业任务分成几个步骤，让孩子一步一步做到。这样就会激发其学下去的愿望。

3. 寻找学习的榜样

无论是2岁的幼儿，还是12岁的青少年，抑或22岁的青年，都普遍拥有自己的偶像。对偶像的喜爱、崇拜和追随其实是一个人对更好的自己的一种向往和期待。成为最好的自己，是一种天然的、长久的驱动力。只要孩子的偶像是正面的、积极的，家长就不应该阻拦和贬低。5岁孩子可能会把动画片中的动物救难队队长迪亚哥或艾莎女王当作自己的偶像，父母可以利用迪亚哥的勇敢和知识丰富、艾莎女王的自我突破和释放来引导孩子向其学习，挑战学习上的困难。

4. 父母以身作则，创造学习氛围

首先要创造全家一起阅读的学习环境。其次，父母可以把自己的工作带到家中完成，比如一边查阅资料，一边记笔记，一边在电脑上形成文件。当孩子询问时，可以给孩子大致讲解一下自己的工作内容。当工作中遇到困难时，也不妨和孩子说说，当困难解决了，工作任务终于完成时，可以

告诉孩子，大家一起祝贺一下。孩子会明白，无论大人还是小学，学习和工作是每个人的日常，困难每个人都会遇到，最终总会有办法解决。而且如果家长遇到困难愿意向孩子倾诉，那以后孩子有了困难，也不会自己憋在心里，而是会和父母商讨。这对孩子的学习和成长都意义重大。

培养良好的学习习惯

既然我们说幼小衔接时期培养学习习惯比学习知识更重要，那么我们要帮助孩子培养哪些学习习惯呢？

1. 预习的习惯

有人可能会说，小学知识那么简单，有预习的必要吗？答案是有，而且非常必要。由于学前教育不均衡，刚入学的孩子学习的起点参差不齐。帮助学习"暂时落后"的孩子迅速赶上去的最佳途径其实不是超前学习，而是课前预习。有人又会问，课前预习会让孩子听课变得不认真吗？答案是不会，而且会让孩子听课更认真。通常我们学习新知识，通过预习只能学会20%，通过上课听讲，再学会50%，而最后的30%则要通过复习来达到。通过预习，不但可以缩短孩子在学习上的差距，使他在课堂上显得更自信，更有勇气，而且可以让孩子自己摸索出一条学习的路径，积累一些自学的方法。

2. 复习的习惯

自从德国心理学家艾宾浩斯研究出遗忘曲线的规律后，我们便从科学角度更深刻地了解了复习的意义。预习和上课时认真听课是把知识从人的大脑中由瞬间记忆变成短时记忆，一次又一次的复习则使知识从短时记忆转化为长时记忆。复习首先从改正错题开始，之前做错的题都暴露出学习上的隐患或漏洞，再改正一遍事半功倍。错题改过后再进入知识归纳、题型归类、查漏补缺、巩固提高阶段。复习一定要立足课本，对课本中基本概念、基础知识掌握不到位是学习中好多问题的根源，所以应从源头抓起。但这绝不是简单地把课本看一遍了事，而是通过看概念、看例题、做练习、改错题等方式来总结、归类、找规律。看起来可能太高深，似乎不适合学龄前儿童，但我们要知道，学习方法与技巧可能有千千万，本质上的方法却适用于任何人。

3. 提问的习惯

5岁孩子正处于爱提问的年龄，他们的问题有时虽然听上去荒唐可笑，但我们要学会读懂孩子提问背后的思考，因为5岁已经不是只会简单地问"为什么"的年龄了。有时他们的表达能力跟不上思考能力，无法说清楚自己真正的疑问，这时我们要耐心地等待他们组织好语言，并鼓励他们大胆表达，表扬勤于思考的精神。提问是孩子主动学习的最佳表现，是非常可贵的品质和习惯。有的学生读了十几年书都不曾提过一个问题，就是因为小时候没有得到充分的鼓励，没有培养出思考的习惯。

4. 阅读的习惯

阅读的意义无须在此赘言。承接上面"提问的习惯"，说说阅读。有一个爸爸，曾经这样培养孩子的阅读习惯。他每次让孩子看书，孩子都说没时间，自己要做作业、要做手工、要运动、要休息。爸爸知道孩子不喜欢阅读，是因为没有养成阅读的习惯，没有发现阅读的好处。后来爸爸发现孩子的作文写得很差，这和缺少阅读当然有一定关系。于是，每次写作文之前，爸爸都会让他看一本相关的书，并提醒他把书中的词汇应用到作文中。结果，老师经常会给他的作文写下"词汇丰富""用词生动形象"的评语，孩子不知不觉中品尝到了阅读带来的成就感，于是自己开始主动找书来读，并注重在阅读中寻找写作文的素材。这个反向思维培养阅读习惯的方法，对5岁时还未能养成阅读习惯的孩子和家长很具有启发意义。

第九章

家风对 5岁孩子的重要性

一个人的习惯就是一个人的规矩。孩子的习惯就是家庭的规矩。如果家庭没有及时定下正确的规矩，孩子就会按照自己的规矩来。家风作为一种无言的教育、无声的力量，全方位地影响着孩子的方方面面。可以说，有什么样的家风，就会有什么样的孩子。

1. 好家风引领孩子健康成长

家规的力量

饭店里，一家人摆家宴。饭菜刚上桌，几个小孩子马上就把喜欢的菜端到自己面前，还有两个抢了起来。一个女人说："儿子别抢，让你舅舅再给你上一份。"一个男人马上财大气粗地说："对，抢啥抢！服务员，这几个菜再来一份。想吃啥就跟舅舅说，保证让你们吃够！"另一个男人说："儿子，姥姥姥爷还没吃呢，你们小孩先吃不礼貌！"姥姥姥爷马上笑呵呵地说："哎呀，都一家人，啥礼貌不礼貌的，饿了就赶紧吃！"孩子们对这些话充耳未闻，一个个继续吃、继续抢。

两个孩子在火车站等车时不停地打闹，来回追逐，大声喧哗，让周围的人侧目。有人劝他们的父母管管孩子。一个妈妈说："这孩子特有主意，别人说什么都不听，只做自己想做的。"语气中竟含着一股骄傲。另一个妈妈说："孩子的天性就是玩，不能压抑天性，大了自然就好了。"

上面的情景是我们无论在城市还是农村都经常能够看到的，这些家庭所表现出来的缺乏礼仪、修养和公德心的行为让人气愤。但这不仅仅是个让人气愤的现象，更是让人忧心的现象——因为这不是孩子的个人问题，而是整个家庭或家族的家风问题，甚至说是整个社会的风气问题。

中国素有礼仪之邦的美誉，钱穆先生在《国史大纲》中说："中国士人不管来自何方都有一个共同的文化，无论在哪里，'礼'是一样的。"我们的几个邻国几千年来都在学习我们的礼仪文化。在对孩子的教育中，父母要注重重拾传统文化的精髓，把"孝悌、忠信、礼义、廉耻、仁爱、和平"等融入家规、家训，并使之蔚然成风。

1. 什么是家规

家规、家训、家风，我们经常会看到这三个词，感觉意思都差不多，但实际上还是有所不同的。

家规，字面理解就是家庭或家族的规矩，是对所有家庭成员提出的必须遵守的行为规范和准则。家规的内容通常会很具体、详细。比如：早晨7点起床，晚上9点睡觉；对长辈说话要用"您"；吃饭时要长辈先动筷子，晚辈才能开始；等等。这些规矩对某个行为怎么做进行了详细的规定。

家训，是指对家庭或家族成员持家治业、立身处世的教诲。家训通常是一些道理、格言。比如，宋朝理学家朱熹的《朱子家训》中有："见老者，敬之；见幼者，爱之。""人有小过，含容而忍之；人有大过，以理而谕之。"大部分家训的道理其实对相同文化背景下的大部分家庭都是适用的。

家风，是一个家庭或家族的文化氛围、生活方式所构建的一种风格、风尚、风气。比如，美国著名的洛克菲勒家族，有着严格的家教，几代人都体现出精细、节俭、务实、守信的家族风气。

家风是一个家庭或家族的家规、家训的外在体现，只有好的家规与家训才能造就好的家风。对大多数家庭来说，家训的内容大体都差不多，而家规则各有不同。

2. 凡是能绵延世代的大家族都有家规

一个国家如果法律制度不健全，社会秩序就会混乱，人民生活就会缺乏安全感。一个家庭如果缺乏必要的家规，家庭成员的行为就会缺乏必要的约束，看上去随随便便，甚至放肆、无礼，而生活也会很容易陷入混乱无序。要想让一个家庭越过越兴旺，越过越幸福，就一定要制定必要的规矩让每一个家庭成员来遵守。

北宋著名文学家、书法家黄庭坚留下来的《黄氏家规》有20条，严肃的家规为黄家的繁盛打下了基础——黄氏家族仅宋代就出了48位进士，其中4人官至尚书。

山西灵石县王氏家族的王家大院里，一块圆形青石上雕刻着朱柏庐的《先贤家训》。自元代以来，在王氏家族700多年历史中，鼎盛八代，历时400余年。"规圆矩方，准平绳直"等脍炙人口的家规家训，成为王氏家族久盛不衰的法宝。

钱氏家族子孙成就众多，仅近代就有钱学森、钱伟长和钱三强等赫赫有名的大科学家。《钱氏家训》以儒家"修身齐家治国平天下"的理念为框架，分成个人、家庭、社会和国家四部分，以严格的家规为钱氏后人指明了为人处世的方向。

清康熙年间海宁籍礼部尚书许儒林制定的《德星堂家订》，从宴会、着装、嫁娶、凶丧、安葬、祭祀等日常生活方面，为子孙后代及族人立下了严格家规。

中国几千年的历史上流传了太多家训家规的故事，这些家训家规不仅是其家族的精神财富，更是整个民族乃至世界的财富。而我们后人，则应从这些家训家规中汲取营养，建设好自己的小家庭。

3. 家规文化世界流传

凡是重视子孙后代教育的家庭或家族，一定都有自己遵守的家规家训，这一点并不因地域和民族的不同而有差异。

美国前总统奥巴马给两个女儿制定的规矩是：不能有无理的抱怨、争吵或者惹人讨厌的取笑；一定要铺床，不能只是看上去整洁而已；自己的事情自己做，比如自己冲麦片或倒牛奶，自己叠被子，自己设置闹钟，自己起床并穿衣服；保持玩具房的干净；帮父母分担家务，每周1美元零用钱；每逢生日或是圣诞节，没有豪华的礼物和华丽的聚会；每晚8点30分准时熄灯；安排充实的课余生活：玛莉亚跳舞、排戏、弹钢琴、打网球、玩橄榄球；萨莎练体操、弹钢琴、打网球、跳踢踏舞；不准追星。这样的家规简单而明确，并且是完全从自己家孩子的特点出发的，值得我们学习。

犹太人的教育观为全世界称道，他们在对孩子的教育和对民族文化以及家庭文化的传承中也很重视制定规矩。出生并成长在上海的犹太后裔教育家沙拉·伊马斯在她的书中谈到她给孩子定下了这些规矩："犹太人立家规是很讲究艺术的。犹太父母非常重视从小时候、从小事情给孩子建立家庭规范，比如出门跟家里人打招呼，遇见邻居主动问好，自己的房间自己收拾干净，公用的东西用好后放回原处，遇到需要帮助的人施以援手等。犹太人特别喜欢在游戏中给孩子立规矩、让孩子学家规，这样既可以维护亲子关系，又可以保护孩子的自尊心。而他们对待小孩，往往有两个原则，一是事先约法三章，二是事后毫不妥协。"

4. 家规不仅是孩子的规矩，更是家长的规矩

所谓家规，不是专门为了限制孩子自由所定的条条框框，不是不讲道理、简单粗暴的捆绑束缚，更不是家长专制的工具和手段。恰恰相反，家规正是为了爱与自由，为保护所有家人隔离假、恶、丑，远离危险、灾祸而联手拉起的一条隔离带、一条警戒线。

有人会问，家规对这么小的孩子有意义吗？

《颜氏家训》中说："当及婴稚，识人颜色，知人喜怒，便加教诲，使为则为，使止则止。比及数岁，可省笞罚。"小孩子从婴儿时期就懂得通过辨识别人的脸色来调整自己的行为。如果此时，你定了规矩，并且执行，孩子就会跟着你的规矩做。但如果你不定规矩，孩子想怎样就怎样，那么就相当于等待孩子给你定规矩，时间一长，你就必须按照他的规矩走，一旦要更改，他必不同意，哭闹拒绝。所以，别说5岁，即使1岁的孩子也要定规矩。

一个人的习惯就是一个人的规矩。孩子的习惯就是家庭的规矩。如果家庭没有及时定下正确的规矩，孩子就会按照自己的规矩来。想让年幼的孩子遵守你的规矩，第一是你本人要遵守，第二是吸引他跟你学。给孩子定规矩更要靠以身作则和潜移默化。所以说规矩不仅是给孩子制定的，更是大人给自己制定的。无论你在做什么，孩子都在学。你的行为就是最好的示范榜样，比任何语言规定都有效。凡是要求孩子做到的，自己首先要做到，凡是要求孩子不做的，自己首先不做。在日常生活和社会交往中，注重自己的一言一行、一举一动，因为你的每一个行为都是在展示和表达你的规矩。

节日的仪式感增加家庭的凝聚力

什么是仪式感？

《小王子》的书里面这样解释仪式感：小王子在驯养了小狐狸的第二天去看望它。狐狸说："你每天最好在相同的时间来。比如说，你下午四点钟来，那么从三点钟起，我就开始感到幸福。时间越临近，我就越感到幸福。到了四点钟的时候，我就会坐立不安；我就会发现幸福的代价。但是，如果你随便什么时候来，我就不知道在什么时候该准备好我的心情……应当有一定的仪式。""仪式是什么？"小王子问道。"这也是经常被遗忘的事情。"狐狸说，"它就是使某一天与其他日子不同，使某一时刻与其他时刻不同。"

现在有些人每当过节的时候就觉得很无聊，吃的东西没什么新鲜感，只要平时想吃随时都能吃到，看的电视节目没有新鲜感，歌舞相声都是老生常谈，节日来临之前还要准备食品，节日走了还要打扫"残局"，麻烦。

他们真的不喜欢过节吗？其实也不是，他们经常说怀念小时候，小时候过节的气氛特别浓，吃什么都好吃，看什么电视节目都有意思。

为什么怀念小时候呢？因为作为小孩子，会天然地觉得这些节日代表着美好，这种美好的记忆一直藏在心底。

那么为什么小孩子会觉得节日美好呢？因为孩子从三四岁开始就会思考"我从哪儿来的""我是谁"，这些哲学终极问题对每个人来说都是终生探寻的问题。而具有仪式感的节日活动会给孩子带去稳定可靠的信息，让孩子形成稳固的归属感，以此为基础建立起自我身份的认同，因此才能有效地建立信心和自尊，才有稳定存在感，人生发展也会有良好的方向感。

为什么长大后对节日的感情淡漠了呢？不是所有的人对节日的感情都淡漠了。那些家庭关系温暖、融洽，家庭中始终坚持传统节日固定仪式的孩子，长大后依然对节日抱有期待。这些仪式代表的不仅是美好的儿时回忆，还有家族的文化传递、自我身份的认同和归属、亲情的联结和凝聚以及对未来的美好期待。

作为父母，我们有责任将这种文化继续传递下去。比如过春节的时候，和孩子一起愉快地大扫除，带上孩子一起购买年货、贴春联、剪窗花、穿新衣，还有给长辈拜大年、拿压岁钱……现在流行过西方的圣诞节，我们可以给孩子讲讲圣诞老人的故事，动手装扮一棵圣诞树，剪一些雪花贴在窗户上，并用心为孩子准备一份他喜欢的礼物。当然，如果孩子的礼物只是由快递叔叔送来，就没有了圣诞的仪式感，但如果在平安夜爸爸妈妈在孩子睡着之后把礼物装进圣诞袜里，第二天早上醒来，满满的仪式感会让孩子幸福一整年。

没有仪式感的生活，毫无期待，黯淡无光。充满仪式感的节日对孩子的意义深远，而不仅仅是放假、收礼物。无论到何时，家的爱和温暖，家庭文化的熏陶和潜移默化都会伴随着孩子，走遍世界各地。他总是会想起那些和爸爸妈妈一起度过的充满着欢乐的节日，也会尊重其他民族的传统节日并乐于参与其中，体验快乐。

良好的语言氛围

我们常说给孩子一个温暖、安全、干净、舒适的环境，因此，我们装修时考虑颜色、风格、光线等因素，我们平时生活时每天清扫擦拭家具、地板，不放过每一个角落，我们给孩子布置缤纷多彩的儿童房、书香缭绕的阅读角、高雅华贵的钢琴室，力图让孩子时刻感受到家的美好和舒适，却忽略了一个重要的环境——语言环境。

父母为了琐事争吵不停，对孩子大呼小叫，对老人不客气又不耐烦，生活在这样的语言环境中，再华丽再整洁的房间，也会让人烦闷，甚至想离家出走。

1. 夫妻之间请好好说话

一个初中老师去一个孩子家家访，说到孩子成绩非常好，就是人际关系不太好，很孤独，常用言语挖苦同学，说话不给人留面子。本来还很高兴的爸爸，马上怒气冲冲地对孩子说："干什么不跟同学好好说话？人家欠你钱吗？凭什么挖苦人家？你哪来的资本？学习好了不起吗？上了社会没人管你学习好不好，你得会说话！"妈妈马上生气地说："你当爸爸的都没做出好榜样，你说话好听吗？你说话从来都是一句就能噎死人，孩子怎么能学会好好说话？"爸爸不甘示弱："我天天工作那么忙，那么辛苦，你当妈妈，就不能温柔点儿，给孩子做个榜样？别总把你在单位当领导那一套带回家！"此时场面混乱又尴尬，老师目瞪口呆，也终于明白这个孩子为什么平时总是那么咄咄逼人、尖酸刻薄了。而孩子则全程无动于衷、面无表情，既没有被批评的恼怒，也没有父母当着老师教训自己的羞愧，仿佛什么都没发生，像是已经习以为常了。

在一个家庭里，夫妻之间好好说话，不仅对他们的婚姻有益，更对孩子的成长有益。孩子从父母的相处之道中学习如何与人说话，如何对待他人，其说话方式甚至思维方式的种子都在家庭的语言土壤中萌芽。

2. 对孩子好好说话

有一个妈妈就曾经经常对孩子使用语言暴力，她看到孩子光着脚丫，在地板上跑来跑去，就生气地对孩子说："你看你多么不讲卫生，世界上你就是那个最脏的小孩了，快把拖鞋穿上。"孩子噘着嘴，不情愿地把拖鞋穿上。

饭桌上，孩子不好好吃饭，她说："你这孩子怎么那么挑食，做什么都不吃，瘦得像个柴火棍儿，简直太难伺候，知道爸妈赚钱做饭多辛苦吗？不能挑食，饭必须给我吃完。"孩子每次都一边吃一边哽咽。

出去旅游，孩子看什么都新鲜，在一个地方停留很久也不走，妈妈说："你怎么那么慢啊，别那么磨叽，我们要去下一个地方了，快点儿跟上。"孩子不高兴地走在队伍的最后。

后来，妈妈意识到自己的语言对孩子伤害太大，有意识地开始改变。

当孩子光着脚丫在地板上跑来跑去时，她说："宝贝，快把拖鞋穿好，不然着凉拉肚子，会不舒服的哦。"孩子就乖乖穿上鞋。

当孩子挑食的时候，她说："宝贝，你爱吃什么，明天妈妈给你做。今天饭都吃完，妈妈奖励你一个小贴画。"孩子就很愉快地吃饭了。

出门旅游，孩子不走的时候，她说："我们下次再来这里多看看，下一个景点更好玩，快点儿跟上，加油。"于是孩子大步向前走，很期待下一个景点。

心理学家苏珊·福沃德博士曾在书中说："小孩是不会区分事实和笑话的，他们会相信父母说的有关自己的话，并将其变为自己的观念。"

"你怎么这么笨！""我怎么会有你这样的孩子！""这么简单的问题你都能弄错！"很多父母没有意识到语言暴力本身有多大的危害，想着只要出于好意，孩子总能领会。所谓"打是亲、骂是爱"是他们最好的挡箭牌。可对孩子而言，这样的语言暴力简直就是摧残，而且是毁灭级的摧残。

父母常常批评孩子，会让孩子从心底认为自己就是父母说的那样的人。

所以用教育者说，你常常说你的孩子是什么样子，他就会长成什么样子。

3. 对老人好好说话

一个爸爸带着孩子在外面玩，这时电话响了，是孩子奶奶打来的，让早点儿回去吃饭。爸爸对着手机不耐烦地说："好好，知道了，挂了。"过了一会儿，奶奶的电话又打来，询问几点回去，爸爸说："快了快了，行了，挂了。"后来，奶奶再打来电话，爸爸干脆不接，直接挂掉了。对孩子说："别玩了，回家，你奶奶催个没完。"

"好了，好了，知道了，真啰嗦！""有事吗，没事？那挂了啊。""说了你也不懂，别问了！""不要老说了，烦不烦？"

这些话是不是很熟悉？是不是我们经常对自己的父母如此说话？如果今天我们再不悔改，日后孩子也必定如此对我们说话。

史蒂芬·柯维在《高效能家庭的7个习惯》中写道："我们习惯于对家人大喊大叫，指责而不去理解，命令而不去沟通，学不会道谢，也不懂得道歉，我们都觉得自己已经为家庭生活付出了太多，却忽视了最关键的一点：有效沟通。"

一个人在家庭中养成的沟通模式和说话方式，会渗透进他生活的方方面面，除非有强大的外力来影响或改变，这样的习惯将会伴随他的一生。

好好说话，其实就是演练"如何与人相处"。一个好好说话的人，他不会把自己的坏脾气撒在自己最爱的家人身上。每次说话前想一想："我这么说对于别人是否会造成伤害？""在这个时间、这个地点、这个场合，我这么说合适吗？""我要是不说是不是更好一些？"

好好说话，是我们能为孩子做的最基本的事。

2. 美育在家也要做

浸泡在充满艺术感的家中

一个人从母体中诞生伊始，家，便开始了对这个人的影响、左右，甚至说掌控。越是一个人幼小时，家的影响力就越大。随着人的成长，这种影响力慢慢地会渗入到各个方面，成为无形的一部分，甚至有形。所以，我们在培养孩子健康的体魄、聪明的头脑和健全的人格的同时，还应该教他们学会欣赏和发现生活中一切美好的事物，培养他们有一双发现美的眼睛。要做的第一步就应该是为自己的家人和孩子精心营造一个有爱、美好的家。

1. 美好的家庭不能没有音乐

越来越多的教育家认可这样一个观点：在富于音乐活动的环境中成长起来的孩子，更容易获得学习和交流的能力。因此，父母在打造家庭环境时，应注重加入音乐的元素。有的父母想培养孩子音乐欣赏能力，专门在家中播放古典音乐，有的父母为了开发孩子的智力，专门播放莫扎特的音乐。其实不需要限制音乐的类型，只要是悦耳的就好。

平时多和孩子一起唱歌，不仅能有效地将音乐内化，而且利于培养亲子感情。无论爸爸妈妈唱歌好与不好，只需要和孩子共同唱一些简单的歌曲就好了。唱得好不好都不重要，大家一起随着音乐唱，感受美妙的旋律和节奏，享受陪伴的快乐，这才是最重要的。

会唱歌的父母，请多给孩子唱歌，多带孩子一起唱歌。会跳舞的父母，也请多陪孩子一起跳舞；会弹奏乐器的父母，更要多给孩子弹奏音乐，让孩子的生活时时刻刻有音乐相随。不会弹奏乐器、唱歌、跳舞的父母也不用担心，只要多和孩子一起听音乐，孩子的心灵自然能受到音乐之美的滋润。

2. 家应该是形与色的世界

一个美丽的家首先应该是干净、整洁的，所有物品，无论是大的家具，还是小的摆设，无论是厨房里的厨具，还是衣柜里的衣服，都应该是摆放有序的。这样不仅对孩子的秩序感的培养具有良好的帮助，而且也会让全家人心情舒畅。反之，在一个凌乱无序的家里，不仅孩子难以养成好的生活习惯，大人的心情也时常会变得烦乱芜杂。干净、整洁是最基本的一种美。

在干净整洁的基础之上，家庭中一定不能缺少一些温馨、美好的摆设。有的人家喜欢在桌子上摆放几盆鲜花，或一个插着美丽的干花的花瓶等，这些也是很赏心悦目的。如果害怕淘气的孩子搞破坏，不妨在墙上挂上几幅色彩鲜艳的画作，墙上钉上一些小小的花篮，这些小小的心思会让家充满爱和美的感觉。

图画是孩子不可或缺的快乐。孩子不仅喜欢看图画，更喜欢创作图画。我们可以专门开辟一个角落，墙上贴上可以反复擦洗的墙纸。给孩子几张纸、几只蜡笔、铅笔、水彩笔，告诉孩子，他可以在纸上画，也可以在墙上画，想怎么画就怎么画。艺术的种子也许就这样种在了孩子小小的心灵上了。

3. 书房应该像厨房一样必备

书房应该像厨房一样，是每个家庭必备的房间。然而，在这个房价高涨的时代，很多人家的住房面积都十分有限，甚至卧室和客厅都不够宽敞，书房往往只是一种奢侈的梦想。但对孩子来说，阅读不仅是必不可少的一种活动，更应该是一种习惯，一种生活方式。所以，我们要为孩子爱上阅读创造条件。

如果确实没有条件打造一间书房，那么打造一个图书角也不错。很多家庭都能努力创造条件给孩子布置一个玩具角，那么布置一个图书角也绝对没问题，因为图书角可以更小。

比如，在墙壁的夹角放置一个舒适的小沙发或一个大靠垫，就可以了。墙上钉几个小书架，放置孩子的绘本，不仅创造了图书角，还美化了家居环境。

如果房间里有飘窗，那么在窗户附近安装几个小书架，窗台上铺上柔软的垫子，一个明亮舒适的图书角就完成了。

一个小小的图书角会对孩子的阅读兴趣起到良好的保护作用，同时也将爸爸妈妈的爱和各种神奇美好的故事浓缩在孩子的心里。

重新认识儿童艺术创作

绘画是孩子最拿手的表达方式，从一两岁孩子刚能抓起笔的时候，他们就特别有"诉说"的欲望，他们会在纸上、墙上、床上、地上、身体上……凡是他们碰到的任何地方，都戳上小点点。这一个个小点点都代表一个个不同的事物，只是这时孩子还不会说话，而我们也猜不出他们画里的含义。

再大一些，孩子开始能画线条，他们又开始把直的、弯的线条画得到处都是。每一团乱糟糟的线条也都代表了不同的事物，但孩子不连贯的语言仍不能让我们知道他们到底画了什么。

到 3 岁的时候，很多孩子可以用圆形、方形来建构自己的故事。有时，一张纸上只有几个大小不一的圆圈，孩子却向我们描述了一个伟大的故事：大圆圈代表月亮，小圆圈是飞船，更小的圆圈是他，那是他开着飞船到月亮上去了。如果孩子不讲，大人恐怕想破脑袋也无法猜出这个故事。

4 岁时，孩子的绘画更拿手了，但因为他们还不会分页，所以他们就像原始人在山洞的墙壁上作画一样，把一个个场景都画在一张纸上，并且那些奇奇怪怪的、简约的形象都具有十分丰富的内涵。

5 岁时，有的孩子就能画得更好了。大人普遍的想法是画得越像就是画得越好，画得越规整就是画得越好，但其实这种认识是和真正的艺术背道而驰。在这种意见指导下，很多孩子的画画兴趣开始萎缩，画面越来越单调，一些专门上了艺术班的孩子，开始变得千篇一律了，缺乏生机和新意。

西方现代派绘画大师毕加索说："我花了四年时间画得像拉斐尔一样，但是穷尽一生，我都在学习如何画得像孩子一样。"他认为每一个孩子都是艺术家。其实，不仅是毕加索这样看待儿童的艺术创作，马蒂斯、康定斯基、米罗都赞赏儿童画。

在儿童美术教育里，3到8岁的孩子被称为"大师期"，从3到4岁开始，小孩子会极度渴望认识周围的世界。这里的"认识"，不只是成年人的知识层面的认识，更重要的是，他们开始感受周围的世界，并且不受经验、知识、他人的影响，而独特地感受，这是艺术得以生发的基础。

成人其实是没有能力去指导这些小孩子画画的，我们能做的仅仅是为他们提供创作的环境和创作的材料，然后等着欣赏就可以了。

随着年龄的增长，多数人会丧失儿童阶段的独特观察能力，所以大师们要穷其一生，才能超越技巧限制，回归天然本心。当孩子10岁左右时，他们中的大部分人绘画开始变得常规、传统，失去对事物感知的最纯净质朴的描绘能力。只有少数人的绘画能力能再次上升。

所以，不要随便对孩子说"你画得不太像""这个叶子不是应该是绿色的吗""星星不应该比月亮还大呀"之类的话，只管让孩子尽情描绘心中所想，然后帮他珍藏这些作品，因为可能他这辈子艺术价值最高的作品就是这些了。

逛美术馆和逛街一样平常

家庭美育当然少不了逛美术馆这样的事。不过有经验的家长可能会说，带孩子逛美术馆其实是很没意义的事情：首先，大部分孩子去了都觉得很无聊，他们总是在里面待不到半个小时就嚷着要出来；其次，好不容易哄着他们逛了几个小时，回来问他们却什么都不知道。"你看了哪些作品?""这些作品的作者是谁?""这个作品画的是什么?""作者想要表达什么?说明什么?"孩子一问三不知。因此很多家长觉得简直浪费时间,干脆不要去。

对这种情况,我们只能对家长说"你错了"。错在哪里了呢?

第一,孩子不爱去逛美术馆是很正常的事,因为很多美术馆里并没有太多专门针对小孩子开展的有趣味的讲座和活动。从小没有逛美术馆习惯的孩子觉得无聊是很正常的。

第二,孩子逛美术馆不必规定至少几个小时,逛美术馆跟逛街一样,其实是个体力活儿,对兴趣还没发展起来的孩子来说,逛半小时到一小时就算时间很长了。

第三,问那些问题其实没什么意义,尤其是一些现代派的作品,成人不看简介可能都不知道作者究竟想表达什么,有时就算看了作品简介也未必知道,更何况是孩子。而且艺术作品在一千个人的眼里有一千种内涵,这是非常主观的问题,并没有标准答案。

有些家长说,那如果不能回答这些问题,我们去逛美术馆干什么?存在这种疑问,其实还是应试教育以及披着素质教育外衣的功利化教育在我们的思维中作祟。让孩子逛美术馆,并不是为了让他记住展览的作品和作者的名字,好在考试中多获得几分;也不是为了让孩子回家后也能画出一模一样的作品。那我们带孩子去逛美术馆到底干什么呢?

很简单,一是为了让孩子与艺术连接,让艺术丰盈孩子的内心,创造一个舒适的享受的角落,让孩子的心随时进去休憩;二是以评判性眼光去观察和欣赏艺术,艺术具有无以伦比的培养孩子批判性思维的作用。不设限地自由观察,让孩子可以通过作品与艺术家的灵魂对话,拥有独立思考的能力。带孩子去逛美术馆大可放下所有目的,就像带孩子去逛街、逛超市、逛菜市场、逛动物园一样,平常、随意。

有一个妈妈,因为工作的关系,经常带孩子看展览,几乎每个月都会看几次。不管是大师、名家的展览还是毕业生的毕业设计展览。孩子从8个月开始就跟妈妈进入各种美术馆等展览空间。在他的意识里，看美术展和去游乐园玩滑梯是一样平常的事。

如果因为地域的原因，不能从小经常看美术馆，孩子到三四岁或五岁时，带孩子去接受一些艺术的熏陶也完全没问题。只是一开始可能不会很顺利，孩子可能会觉得没意思，会吵闹。这就需要家长事前做一些功课。

带孩子去看展之前，如果可能，可以预告一些展览内容，并且从孩子能够产生兴趣，能够产生关注的点出发，让孩子有个心理上的准备和期待。这一点并不难，熟悉自己孩子的家长都能做到。

去看展之前，可以制作一个小小的取景器，其实就是一个框，让孩子拿着放在眼睛上随意看。这样孩子觉得有趣，也会让他更容易发现自己想要专注的焦点，而不被其他事物分神。

还可以设计一张人物卡，上面布置两个小任务，让孩子在看展过程中完成，比如发现一些蓝色的作品，发现一些线条的作品，等等。但不要过于专注是否完成任务，更不要以完成任务为目的去看展。

对于正处于痴迷写字、画画阶段的5岁孩子，可以让他带上纸和笔，想写、想画、想临摹、想记录，都随意。只要拿起纸笔，孩子自有用途。

与孩子交流的时候，可以多提一些开放式的、没有标准答案的主观感受性问题，孩子的回答就是孩子的感受，是孩子从自己的角度，通过思考和表达来探索作品的表现，没有对错与高低。

不要强制孩子一定要逛多长时间；不要单纯地给孩子读作品的文字介绍，除非孩子要求；不要限制和规定孩子一定要从哪里看，必须要怎样看。

最后一点就是要提前告诉孩子，要遵守美术馆一类的公共场所的行为规范和要求，不大声喧哗，尊重艺术作品，不去触碰，不越过地上的欣赏标志线，做一个文明的参观者。

第十章

5岁孩子，爸爸妈妈最关心的16个问题

在同一阶段，孩子会表现出一定的规律和特点。一些成长的难题也是具有普遍性。这些难题令父母们感觉到非常为难，总是觉得无解，究竟该从哪里下手解决这些难题呢？一些具体可行的小办法教给父母，希望能够有所帮助。

1. 孩子坐不住，是不是有多动症

我的孩子今年5岁了，特别好动，精力旺盛，总是坐不住，一会儿看看这个，一会儿看看那个，对什么都有兴趣，但做什么都不持久，孩子是不是患有多动症呢？

有同样问题的父母可以想一想，孩子平时在做自己特别喜欢的事情，比如看动画片、画画、搭积木，能否持续十分钟以上？如果能，那就不必过于担心。对于大多数正常的学龄前儿童来说，因为其大脑发育还不完善，神经系统不稳定，兴奋性高，意志力差，容易发生专注时间短、活动过度、注意力易转移的现象。尤其在外界环境嘈杂、有干扰的情况下更严重。

有的家长不注意为孩子营造一个单纯、安静的环境，孩子在玩玩具、看书、画画时，家长要么开着电视，要么大声说笑，这些都会引发孩子不专注，不停地动来动去的行为习惯。这些乍一看，感觉很像"多动症"，其实这两者之间要注意区别。

多动症的全称是"注意缺陷多动障碍"，主要表现为与年龄和发育水平不相称的注意力不集中和注意时间短暂、活动过度、易冲动等表现，常伴有学习困难、品行障碍和适应不良等现象。它与孩子活泼好动的主要区别在于：

（1）正常的孩子，虽然也有注意力不集中的表现，但对自己感兴趣的事情，却能专心致志地研究，有目的有计划地耐心探索，这一点对于多动症的孩子来说很难做到。

（2）正常的孩子反应灵敏、动作敏捷，而多动症的孩子常常肢体不协调，反应比较迟钝，常常表现笨拙。

（3）正常孩子虽然学习不专心，上课爱走神，说话，做小动作，但当老师、家长提醒他时，可以努力控制自己，而多动症的孩子总是不由自主地动来动去，不能控制自己的行为。

所以家长可以综合以上几点，对孩子的行为做一个基本判断，不要贸然给孩子贴上"多动症"的标签，因此影响孩子对自己的评价，阻碍智力的发展，增加心理的负担。

当然，如果家长无法通过自己的观察判断孩子究竟是好动还是多动症，建议去正规医院诊断，以此获得权威的结论，对症解决。

2. 孩子挑食、不爱吃饭，怎么办

> 我的孩子特别挑食，5岁了却越来越瘦，我担心这样会影响他的身体健康，怎么做才能让他不挑食，多吃饭？

儿童挑食是个非常普遍的现象，可以说，挑食孩子的数量要远远大于不挑食孩子的数量，所以家长对此也不必过于担心和焦虑。

有一个笑话这样说：一个孩子问另一个孩子："为什么大人们从不挑

食？"另一个孩子回答："因为他们做的都是自己爱吃的。"

这个话很有道理，其实很多家长自身也存在挑食的问题，甚至还很严重。但家长往往对自己挑食的问题直接忽略，而对孩子挑食的问题却穷追不舍。

当然，家长会说："我已经过了身体发育的年龄，挑食对我的影响已然不大，但对孩子来说影响很大。"乍一听似乎有一定的道理，但仔细想想，也不尽然。处于任何年龄段的人都需要均衡的营养，无论是否处于生长发育阶段。

孩子挑食会造成营养缺乏，影响生长发育，但成年人挑食同样也会造成营养缺乏，甚至导致疾病。比如有的成年人爱吃肉，不爱吃蔬菜，常年如此，就容易得肥胖症、脂肪肝、血脂粘稠、便秘等很多疾病。还有的成年人不爱吃肉，只吃菜，缺少优质蛋白质和铁的摄入，从而导致营养不良和贫血。说这些是想提醒家长，在抱怨孩子挑食之前，先思考两个问题：

第一，每天买菜是不是都是按自己的口味采购的？

第二，自己的挑食行为是不是成为孩子不好的榜样？

假如，你确实是个不挑食的人，每天为孩子准备食物也都尽力按照营养均衡的原则来采购和搭配，那么，请再思考第三个问题：你的烹饪手法是不是过于单调？比如，有的家长每天都给孩子吃鸡蛋，但只会煮白水蛋，或者只会蒸鸡蛋羹，一种做法长年累月都不变，别说孩子吃不下去，就是大人也难以忍受。

当然，也不见得你换了几个做法，孩子就不挑食了。每个孩子挑食的习惯都源于各种各样的原因。培养孩子良好的进餐习惯，不是一朝一夕的事情。

家长可以先做好以下几点：

第一，吃饭时，坚决阻止孩子玩玩具、看电视，让孩子专注吃饭。有的家长自己吃饭时就喜欢一边看电脑、手机或一边看电视一边吃饭，家长一定要以身作则，带头改掉这个坏习惯。

第二，用游戏等方式诱导孩子品尝平时不爱吃的东西。如果孩子尝试了，要给予鼓励，如果孩子不愿意尝试，也不必强求，更不要责备和唠叨。

第三，可以给孩子做带馅的食物，比如包子、饺子、馄饨等。带馅的食物往往能够做到荤素搭配，味道鲜美，营养也全面。有的孩子不爱吃饺子，但是喜欢吃包子；有的孩子不爱吃包子和饺子，但喜欢吃带汤的馄饨。不要因为孩子拒绝吃饺子，就误以为他拒绝所有带馅的食物，一定要多加尝试。如果能让那个孩子爱上带馅的食物，那营养均衡的问题就不用太担心了。

第四，每个人的口味都是会经常变的，回想一下，我们自己也是如此，有时特别爱吃某种食物，可有时却毫无兴致。孩子更是如此，变化更频繁。所以要允许孩子在一定范围内有自己拒绝的食物，这不是什么大事。

第五，经常变换花样为孩子准备营养餐。孩子都喜欢尝试新鲜的事物，对待食物也不例外，经常给孩子更换菜谱、烹饪方式，或者制作色泽丰富、造型可爱的食物，美食加美器，相信孩子一定会喜欢。

当然，家长最需要牢记的最一点是，无论孩子多挑食，都不要斥责他，更不能打骂他。就算唠叨也尽量避免，不要让"吃饭"这件事成为孩子的一种精神负担。

不要想什么一劳永逸的事情，世界上没有任何方法能让所有孩子都爱上吃饭，好用的方法也不会永远都好用，孩子总是在变化，父母的方法也要经常随之变化，总之不要怕麻烦。

3. 孩子不爱运动，怎么办

  我儿子5岁了，就喜欢宅在家里画画、看书。我觉得作为一个男孩子，他太安静了，不爱出去运动，体质也不够强壮，所以冬天经常会感冒。我该怎么做才能让孩子爱上运动呢？

  不爱运动的孩子通常是还没有感受到运动的快乐。我们家长都知道，运动不仅能强身健体，还会增强孩子的团队合作精神、自尊以及对技能的掌握能力。同时，参加体育运动也可以培养一种健康的生活方式，改变现在很多孩子让父母头疼的"电视—电脑（手机）—床—零食"的生活状态。因此，家长做出一些努力，鼓励孩子参加一些体育运动是很有必要的。

  有一个妈妈是这样做的：她让孩子尝试了很多运动，孩子都不感兴趣。就在快要放弃的时候，她发现小区的孩子那段时间特别流行玩滑板，好像有谁不喜欢就落伍了似的。于是她便建议自己的孩子也玩一玩。孩子本来不是很喜欢，但他看小朋友都玩，也想赶个"时髦"，于是就同意了妈妈的提议。

  妈妈给孩子买了滑板当作他6岁的生日礼物，孩子学了不到一个小时就能自己滑了。这种成就感一下就让他接受了滑板。此后孩子每天滑着滑板在小区里穿梭，觉得自己很酷，因此不知不觉中迷上了滑板，一有空儿就想玩，甚至大中午太阳高照的时候也要出去玩。妈妈怕孩子中暑拦着他不让去，但孩子给自己穿上了长袖，戴上了遮阳帽，还带了一瓶冰水。妈妈只好同意他出去玩。孩子和小区里的小伙伴经常快乐地玩一下午，直到吃晚饭。

  5岁正是孩子运动能力大大发展的年龄，父母要想让孩子爱上运动，自己首先要动起来。对于孩子来说，培养运动习惯最好的手段就是有家长的陪伴。有的父母自己不爱运动，喜欢在家里看电视，却不断催促孩子出去玩，这无疑不是孩子的好榜样。尤其对于年龄小的孩子，他们做事总是有意无意地模仿大人，这样只能成为孩子的反面教材。

作为家长，如果你本身并不擅长任何运动，大可不用担心。假如你家附近有山，周末可以带着孩子去爬山。最开始孩子可能有些抵触，那就在山脚下转一转也是好的，总之要走出家门。待到下个周末，你还是要带他来。这时你会发现，每过一周，孩子的兴趣都会有所提升，运动的能力也有增长。通常坚持四五次，你就会看到孩子在你的鼓励之下，完全可以跟随你爬到山顶了。假如你不擅长运动，你家附近也没有山，也照样有办法让孩子动起来。你可以带他骑自行车。如果你的孩子确实对骑车没兴趣，也没关系，你可以骑车载他去郊游，当然一定要注意安全。次数多了，他会对自行车产生好感，就可以趁机鼓励他自己学会骑自行车。

除此之外，还有一个方法是向同伴学习。5岁正是孩子发展真正友谊的年龄，他们开始希望有自己的好朋友，并会特意去模仿自己要好的伙伴的行为。如果你的邻居中有同龄小孩在做某种运动，比如轮滑、踢球、蹦床等，你可以趁机推荐给你的孩子，为了获取同龄伙伴的友谊，孩子通常会考虑加入这种运动。

总之，父母一方面要细心观察，发现孩子的兴趣爱好；另一方面，父母还要根据孩子的性格特点为孩子推荐合适的运动项目。不要强迫他们做违背自己意愿的事，要循循善诱，吸引孩子加入运动。

家长不要拿孩子和其他孩子比较，运动能力天生有强弱，有的孩子一岁多就能跑能跳，而有的孩子两岁半之后才会双脚跳，拿自己孩子的短板去和别的孩子的长处去比较，这是不公平也是不明智的。

对天生爱安静的孩子来说，家长要做的不是培养和挖掘他的运动能力，而仅仅是让他找到一门自己热爱的运动。

4. 孩子5岁了，要不要分床睡

> 我女儿从生下来到她5岁，一直都是和我一起睡。我现在想让她一个人睡觉。可是，不管怎么骗，怎么哄，她就是不肯自己睡。每次提出分床睡的晚上，我都要给她讲很久的故事，好不容易安抚她睡着了，可是一到半夜，她就又跑回我的床上……

4~6岁是孩子的性启蒙期，也是分房睡的好时期。如果分房睡得过晚，会导致孩子性心理停滞在此阶段。成年后，则容易患上一些焦虑障碍、性心理障碍或适应性障碍等。因此，孩子5岁，该分房睡了。

不过让孩子突然自己到另一个房间去睡觉，确实不是很容易。父母要事前做好很多准备工作。比如一些怕黑的孩子，应该在他们的房间加一盏小夜灯，并且多陪孩子适应这个开小夜灯的房间。

不要到了睡觉时间，就命令孩子去自己房间钻进被子老老实实等着睡着，这对孩子来说，还是比较困难的。父母要和以往一样，在孩子的房间陪他读书，给他讲故事，多多拥抱孩子。睡前安抚工作不但不能省略，还要做得更细致，更郑重其事。

有些孩子喜欢仪式感，那就选一个特殊的日子，正式开始分房睡，比如他的生日，让他感觉自己长大了，像个真正的大人一样可以独立，这样他会更乐于接受。

家长还可以引导孩子把自己的房间想象成王国他（她）是国王或者公主，要统治和守护自己的王国，把孩子喜欢的玩具放在房间里做他的"卫兵"，喜欢的玩偶放在床上做"贴身侍卫"，这样可以增强孩子的仪式感，同时也增强了安全感。

父母在此要注意每个孩子都是不同的，有的孩子很快就能适应分房独睡，有的孩子却需要很长时间的心理建设。父母一定要多多关注孩子的情绪，如果孩子特别害怕，激烈抗拒时，就不要强迫孩子勇敢。一定要花足够的时间，帮孩子做好心理准备，比如提前半年就跟孩子商量独睡的事，用美好的描述让孩子对这件事有渴望和憧憬。

如果孩子生病了，应该允许孩子回到大人的床上，因为此时孩子很脆弱，最需要大人的陪伴和照料，而不是独立和勇敢。

分房后，如果不是孩子生病，就不要反反复复，今天让孩子回来，明天又去陪睡，总之，充分做好孩子的心理准备，分房睡不能硬来，但也不能心软。

5. 我可以教孩子学做饭吗

我儿子特别有学做饭的欲望，总是缠着我教他做饭，可是我担心厨房里不够安全，一直没有答应他。现在他快6岁了，我感觉还是太小了，不过现在的家用电器操作起来很简单，他也很听话，我可以教他做饭吗？

不到6岁的孩子学做饭确实太早了，一般的家庭都没有这个需要，就算开始练习做家务，也不涉及做饭。不过也不是完全不可能的。毕竟我们的父母辈，小时候从六七岁开始做饭都不是什么稀奇事。

我们之所以不敢让小孩做饭，主要有这样几个顾虑：

第一，怕有危险。

厨房里的危险确实不少：瓷盘瓷碗如果不小心碰到地上，打碎了，可能会割破孩子的皮肤，导致流血；煤气灶如果没有控制好，可能会导致煤气泄漏；锅里的油温度太高，很容易起火，即使不起火，也可能溅出来烫到孩子；用菜刀切菜，用削皮器削皮，如果操作不当，都容易伤到孩子的小手。

第二，怕孩子把厨房搞得一团糟。

如果让孩子做一顿饭，且不说安全问题，就是正常的程序，恐怕也会把锅碗瓢盆，各种器皿摆得到处都是，面粉、米粒、菜叶一片狼藉。让他们做一顿饭，大人要收拾半天，这样的后果真是很"折磨人"啊。

第三，怕孩子做不出来。

做饭并不是很容易的事，有些操作可能大人反复对孩子说，他们都不一定能理解，毕竟5岁孩子的理解能力还很有限。

综上所述，教5岁孩子做饭风险太高，实在没有必要。但是面对孩子高涨的学习和动手的热情，直接拒绝他们也有点可惜，甚至可能对孩子是一个打击。所以对孩子的探索精神和提高动手能力的热情，我们还是要以鼓励为主。

比如孩子如果对做饭有兴趣，不妨让他做我们的助手，从一些简单的工作入手。比如帮我们擀饺子皮、包包子、和面等，以及做一些简单的菜式，如做沙拉、凉拌菜、煮面条、蒸米饭、煮鸡蛋等，随着年纪的增长，再逐步教他做甜点、炒菜等复杂的菜式。

另一方面厨房中尽管危险重重，但我们可以一一教导孩子如何识别危险，防范危险，孩子做饭我们在一旁陪伴，也可以帮助避免危险。相反，如果孩子越晚了解厨房，他们就越不懂得对危险的防范，这对于今后的成长也会不利。

6. 儿子在公共场合捣乱，怎么办

我儿子上课时在课堂上坐不住，老师讲课，他总是跑来跑去。带他去外面，他也总喜欢到处跑，在商场里，在超市里，有时难免被人说"这是谁家孩子，这么不懂规矩"，让我很尴尬。但是和他说了很多次都没有用，怎么办？

发出这种"控诉"，男孩家长往往多于女孩家长。好动是孩子的天性，尤其学龄前的男孩。

很多家长无法理解自己的孩子为什么就像一台永不停歇的小马达一样动个不停。从早上一睁眼就开始跑来跑去，就算很累，只要休息一会儿，还没等你缓过神来，他们就又满血复活了。

当孩子在课堂上喜欢跑来跑去时，一方面，我们耐心地告诉孩子哪些是该遵守的课堂纪律；另一方面，我们也要和老师沟通，给予孩子一定范围内活动的权利，毕竟不能违背他们的身体发展规律。只要不打扰其他孩子，对于孩子适当的跑动不必生气和焦虑。

当孩子在公共场合跑来跑去，家长应该严令禁止，因为公共场合要求所有人都遵守公德，并不能因为年龄小就搞特殊化。虽然这对孩子来说很难，但家长一定要协助他做到。

首先家长要为孩子树立一个有公德的榜样，做一个安静的大人。有的家长在公共场合大声喧哗、高声谈笑、大声打电话、播放音乐，这些行为无意中为孩子传递了一个错误信息：公众场合是个可以想干什么就干什么的地方。

所以，家长要尽量从方方面面先约束好自己，孩子自然明白公共场所是个不能干扰到别人的地方，说话要轻声，走路要稳重。无论是否能做到，孩子首先要有一个正确的认知。

另外，无论是耳提面命还是严厉制止，家长都应该及时制止孩子的不当行为，孩子会从家长的态度中掌握自己行为的分寸。

最后，建议家长多给孩子看一些有助于培养社交礼仪的动画片，或是电视节目、游戏等，如《小猪佩奇》《大耳朵图图》《大头儿子小头爸爸》《嗨，道奇》《天线宝宝》《巧虎》《宝宝巴士》等，引导孩子了解基本的社交规则，设身处地为他人着想，就会大大降低不遵守社会公德规范行为的发生概率。

7. 如何给孩子讲故事

我给孩子买了很多绘本，孩子总是要求把同一本书读很多遍，我觉得很没意思。而且我每次都是照着文字读，可绘本的文字很少，很快就读完了。这样讲故事对不对呢？应该如何在讲故事的时候和孩子互动呢？

喜欢把同一个故事反复听很多次，这是学龄前儿童的特点。大人觉得重复读起来很无聊，但孩子却觉得其中有无限乐趣。其实，给孩子重复讲绘本没有问题。只要是孩子自己要求的、喜欢的就好。

另外，有些妈妈觉得自己不会讲故事，只好照着念，可绘本文字少，念几句就没了。因此很多妈妈觉得自己这样讲故事好像不对，其实也没什么，绘本的文字本来就是辅助性的，重要的是要让孩子读图。如果妈妈把图画中自己看到的东西全都指认出来，这样反倒剥夺了孩子自己发现的乐趣。因此，若是简单地帮助孩子读一些文字，并没有什么错误。

想要真正用好绘本，并不需要妈妈多么绘声绘色地把绘本里的内容全都读出来给孩子听，而是要做好"问答"的工作。

这个"问答"不仅是妈妈问，引导孩子寻找答案。也有孩子提问，妈妈回答。

而且妈妈应该让孩子先提问。很多孩子在妈妈读故事的过程中，就会迫不及待地发问，不过妈妈可以让孩子耐心等待一下。读完故事，回头重新翻一遍，再来提问。通过孩子的提问，妈妈就会知道孩子对什么感兴趣，对什么有疑问，对什么有误解。

陪孩子读绘本，要鼓励孩子仔细看图，以此锻炼孩子的观察能力，还要引导孩子表达出自己的情感和看法，以此锻炼孩子的表达能力。

另外，妈妈也可以提出自己的问题，让孩子开动脑筋，寻找答案。但是切忌，妈妈不要把过多的说教和所谓的"大道理"掺杂在故事中，让故事充满了"教育意义"，却丧失了趣味性、文学性和美感。

另外，围绕着一个绘本，还可以展开很多有意思的活动，比如绘画，让孩子也来画一画自己心中的故事。再比如做手工，用手工的方式来制作出书中人物，再现书里的故事。还可以把绘本变成剧本，全家人一起演一出戏。孩子和全家一起表演戏剧，会感觉非常快乐，而且戏剧会让孩子对故事中人物的情感体会更加深刻，对故事中隐含的哲理有更多的思考。

8. 如何减少电视对孩子的吸引

> 我的孩子根本不喜欢看书和画画，总是想看动画片，可是动画片看多了对孩子不好，妨碍孩子主动思考，还可能影响视力，但我很难把他从动画片前面拉走。再说，如果不看动画片，孩子做什么能持续时间长一些呢？

孩子喜欢看动画片是一种天性，很难阻止。不过作为父母，我们确实应该尽量减少他们每天看动画片的时间。因为科学家研究发现，孩子看动画片时，大脑的大部分区域几乎是不活动的，而电子屏幕会刺激眼睛也是事实，由此可见长时间看动画片弊大于利。

但是，对家长来说，把孩子从动画片前拉走也是相当困难的一件事。让孩子去看书吗？很多孩子还没有养成这个良好的习惯，而且大部分孩子看书仅仅是在睡前的亲子阅读时间。让孩子去画画吗？他们作一幅画，可能只需要十分钟，甚至更短的时间。那剩下的时间如何打发？作第二幅画吗？不是每个孩子都爱画画的，能完成一幅已经很好了。

那么，做什么能让孩子的专注时间更长一些呢？以下是一些小建议。

喜欢搭建玩具的孩子，可以专心拼积木、插件，有的孩子能持续半个小时甚至一个小时或更久，这是个有趣且有益的游戏，父母们不妨多带领孩子玩这些游戏。

还有一些益智游戏书，可以让孩子专心地玩一会儿，比如迷宫书、涂色书、数字连线书、找不同的书等等，有的孩子能玩很久。

还有的孩子喜欢玩拼图，一般5岁的孩子可以拼40片到60片的拼图，有的专注力比较强的孩子，可以拼100片以上的图片。如果孩子非常喜欢拼图，拼图游戏也可以让他们专注地玩半小时甚至更久。

听故事也很受大部分孩子欢迎。现在的儿童故事音频资源十分丰富，有的孩子只要一听上故事，就变得非常安静，能听一两个小时不动。多听故事对孩子好处很多，不仅让孩子吸收很多知识，也锻炼了孩子听觉学习的能力以及语言能力、想象能力等。大部分5岁孩子特别喜欢听故事、科普类内容，也可以为孩子播放《笠翁对韵》《唐诗三百首》等音律启蒙的音频，让孩子接受传统文化、古典文学的熏陶，对将来学习传统文化大有裨益。

9. 孩子爱说脏话，怎么办

我儿子总喜欢说一些不文明的话，什么"大傻瓜""大笨蛋""臭粑粑"之类的，时不时就冒出来一句。我总是告诉他不许说这些话，因为这些话是"不礼貌的""不文明的"，但他还是说。不仅在家说，还和幼儿园的同学一起说，最气人的是在第一次见面的人面前他也说。当着外人的面，训斥他没有用，又不能打他、骂他，这让我十分无奈，不知道如何处理？

5岁孩子正处于语言迅猛发展的时期，也正式开始领悟语言的魅力。脏话有一种特殊的魅力，当一句简短的脏话脱口而出时，那种力量给孩子带来的震撼十分强烈，因此孩子会着迷于对脏话的模仿。而且脏话这种有力量的表达能让孩子在沟通中更准确地表达自己的想法，让孩子有一种"胜利"的感觉，因此，他们对说脏话乐此不疲。

另外，从1岁半开始，很多孩子就会对自己的排泄物充满好奇。到4岁时，孩子的性意识增强，对平时看不到的屁屁更充满兴趣。他们总想了解屁屁到底是长什么样子的。而大人对"屎尿屁"的拒绝和禁止态度，更让孩子觉得神秘。

所有这些就会引起孩子对脏话和"屎尿屁"等词产生好奇，但是随着孩子年龄的增长和兴趣的转移，这些对孩子的吸引力就会自然而然地消失。

当孩子觉得这种话说出来并不能引人关注，自然就会少说或不说。最怕的是家长反应过激，每次孩子一说，家长就很着急地阻止、大声训斥，孩子就会觉得这种语言能让自己获取很多关注，就会不自觉中经常说。

但有一种情况不会随着年龄的增长而减轻或消失，相反，而是会随着时间的增加而变得更加严重，那就是：孩子说脏话、骂人是被父母或周围环境中的大人影响的。孩子的言行通常都是父母的复刻，是在环境中耳濡目染、潜移默化的结果。如果父母平时语言不礼貌、不文明，就不可能要求孩子语言文明。因此，父母在这方面要注意自己的榜样作用。大人之间，不吐脏字，礼貌对待，对待孩子也不要用贬义、谩骂的词语。这样孩子就会慢慢地改掉说脏话的习惯。

10. 孩子总吃手，怎么办

我的女儿都快5岁了还总吃手，这让我很着急。我从她很小的时候就尝试过很多方法来纠正她，比如给她讲道理，告诉她吃手很不卫生，会把手上的脏东西吃进肚子里，导致生病……但是她道理都能听懂，就是不改。我也曾经每次看到她吃手就轻轻地打她的手，于是她就偷偷地吃。我学一些老式的办法，把辣椒油涂在她的手上，还是不管用。这么大还吃手，我担心她的手指会长变形，到底怎么样才能让她不吃手呢？

吃手是学龄前儿童一种非常普遍的现象。孩子从两个月开始就会把自己的手放进嘴里，这是他们探索世界的一种方试。蒙台梭利认为，这个时期是孩子口的敏感期，孩子在这个时期都是用口来探索世界的，他们会把任何能放进嘴里的东西都放进嘴里品尝、探索。这个时期通常到1岁半结束，不过并非所有的孩子都在1岁半开始不吃手。很多孩子很早就不爱吃手，但也有很多孩子会一直吃到很久。对于孩子吃手的现象，家长无须过于焦虑，只要让孩子保持手指干净，吃手不会让孩子生病，也不会使手指变形。

当孩子把手指放进嘴里的时候，他们能感受到一种仿佛含着妈妈乳头似的安慰。这让他们获得一种安全感。孩子吃手不仅是一种习惯，还是他们自我安慰的重要方式。这种习惯和一些成年人在压力大、焦虑严重的时候喜欢咬指甲、用手指卷发尾等是一个道理。

比如，有一个孩子到了1岁半孩子仍然吃手，孩子的外婆认为吃手不是好习惯，就用姜汁、蒜汁等抹在孩子手上，结果孩子吃手的习惯没有戒掉，反倒对姜和蒜产生了强烈的抗拒。

孩子到了3岁，上幼儿园之后，孩子妈妈也开始劝孩子不要吃手，有时还会严令禁止，但孩子吃手的习惯不仅没有改掉，反而增添了咬衣服的毛病。孩子的妈妈通过查阅书籍判断，孩子的这种情况是入园后的一些分离焦虑和妈妈禁止让他吃手带来的压力所致。于是，妈妈马上放弃了让孩子戒掉吃手，而是重点帮助孩子适应幼儿园生活。结果没过多久，妈妈发现孩子不知不觉就不吃手了。所以，要想改掉孩子吃手的习惯，最好的办法不是用强制的手法来禁止，而是不强化、不刺激，多给孩子精神上的关注和情感上的安慰。比如当孩子吃手的时候，让他帮着拿样东西，或者玩其他玩具，适时转移孩子的注意力，并给孩子更多的关爱和沟通，孩子渐渐地就会改掉吃手的毛病。当一个孩子没有焦虑和压力，并且拥有足够的安全感时，他的那些吃手、揪衣服角、不停眨眼睛等问题就就会自然地消失。

11. 怎样说话孩子能接受

我儿子最近总说"不要你管""我不相信你说的"，而且我每次告诉他应该怎么做，他都不听。可是失败时，他会特别沮丧地说："我什么都做不好。"我很担心孩子这种对自己很低的评价造成自卑，但是我想帮助他体验成功时，他又总是不接受，该怎么办呢？

孩子之所以对母亲有一些抗拒，可能与父母平时与孩子的沟通一些问题有关。

从孩子对妈妈说"不要你管"可以看出，妈妈对孩子做事插手颇多、管束较强，因此，孩子产生了反感。一般我们都认为5岁的孩子，什么都不懂，做事当然要在大人的管教之下才能做好。但其实这和孩子的时机需要存在偏差。

5岁的孩子一般会做什么呢？大部分都是自己喜欢的小游戏和简单的

家务。当孩子做游戏的时候，如果他邀请大人一起玩，我们可以参与陪同，但有些孩子喜欢自己玩，我们就应该做个旁观者，或者干脆不管他，让他做自己的事情。但有些家长不是这样，孩子邀请的时候总说"我现在没时间陪你玩，你自己玩吧""这是孩子的游戏，我不想玩"，但当孩子独自玩的时候，家长又常常站在一边指点"你应该这样做""你不应该那样做""那样肯定不行"，这样其实真的不太好。尤其是在孩子玩得特别投入的时候。成年人都懂一个道理"观棋不语真君子"，但一遇到孩子的事，仿佛不"指点"两句就是不负责任。但事实上，孩子做自己的事时，真的不需要你指点。他会在自己动手、发现错误、修改错误的这个过程中摸索出自己的一套方法。

从孩子说"我不相信你说的"这句话中，可以看出妈妈曾经失信于孩子，而且让孩子记忆深刻，这是很遗憾的事情。孩子天生对父母存在信任感，父母的威信也是天生的。但如果你总是对孩子食言，慢慢孩子就不再信任你，而你的权威性也会随之减弱，你给孩子的好的意见和建议也很难被孩子接受和采纳，这在孩子成长的过程中将带来很多教育上的困难。

从孩子说的"我什么都做不好"这句话中，可以想象妈妈经常指责孩子的错误，批评孩子的行为，很可能还经常拿孩子和别的孩子比较，才会导致孩子说出这样的话。他觉得自己总被批评，什么都做不好因此而气馁和自责。有时候，我们对孩子的错误难以理解，觉得孩子不用心，错的不应该，但事实上，很多我们眼中不费吹灰之力的事，对5岁的孩子来说，都是需要一番特意练习才能勉强做到的。我们常常会用成人的标准去要求孩子，虽然大部分时间我们都不是故意的，但确实对孩子造成了一定的伤害。

有一个妈妈和孩子玩手机上的答题游戏，当问题提出后，妈妈问孩子："选A还是B？"孩子说："选B。"妈妈点点头，可当孩子的小手一点，却点成了A，导致闯关失败。妈妈大怒："跟你说了选B，为什么还点A？你想什么呢？能不能认真点！"孩子被妈妈的大吼吓住了，哆嗦着解释："因为我觉得可能A也是对的。"其实孩子不是这么想的，但他还不具备看透自己行为的能力，只是想辩解一下。真正的原因是，孩子手眼不太协调，再加上紧张，就点错了，仅此而已。但他被妈妈吼了之后，做后面的题目时都在提心吊胆。

所以，我们做家长的在面对孩子的错误时，要淡定一些，冷静一些，不要怕孩子犯错误，哪怕是最低级的错误，孩子也有权利犯。

还有，最忌的就是拿孩子和别的孩子作比较。5岁孩子还不能正确评价自己，他们需要从别人的评价中来认识自己。这个"别人"主要是老师和父母。如果父母说他很棒，他就觉得自己很棒；如果父母总批评他，他就会觉得自己什么都做不好。所以，当我们指出孩子的不足时，要充分考虑到孩子的想法，尽量多肯定，少否定，这样孩子才能在保持自信中改正自己的错误。

当然，"人非圣贤孰能无过"，我们当父母更是如此，没有人天生会当父母，犯错误是常事，只要及时认识到自己的错误，将功补过，并且告诉孩子"无论你怎样，你都是妈妈最爱的宝贝"，孩子对你的信任仍会慢慢回来。

12. 老师忘记给孩子奖励了，怎么办

有一天孩子回家特别不开心，说他回答对了问题，但只获得一张小贴纸，而其他小朋友获得两张。我跟他说："咱家有很多小贴纸，一会儿咱俩玩回答问题的游戏，你回答对了，我就奖励你小贴纸。"孩子却说："我只想要老师给的小贴纸。"

孩子如此看重奖励，我担心会对他有不好的影响，会不会变得虚荣？而且他现在只重视老师的看法，我也担心以后没法教育他。怎么办呢？

这位家长的担心其实没有必要。对 5 岁孩子来说，他们刚具有初步的竞争意识，希望自己和别人一样优秀，或比别人更好，是很正常的心理需求。小贴纸作为奖励是对孩子的一种认可，也是老师对孩子的一种正面评价，孩子希望获得小贴纸不是什么错误，既算不上追求物质，也谈不上虚荣。

5 岁的孩子重视老师的每一句话也是很普遍的现象，孩子从 3 岁进幼儿园开始，他们就会重视老师的评价，在幼儿园比在家听话。但这并不意味着他从此就只听老师的，不听父母的，更不意味着以后父母无法管教他。孩子重视老师的话是好事，因为他开始把自己作为社会的一份子，而老师的话则是在社会生活中需要遵守的法则，这说明孩子在融入家庭之外的环境时，能很好地分辨谁是所处社会区域的权威者，并且能自动自觉地遵守规则。

我们当然不是说要让孩子顺从权威，而是鼓励孩子遵守规矩，为孩子初步建立的规则意识予以肯定。

这个问题中值得重视的是，为什么孩子也回答对了问题，却只得了一张小贴纸。是老师忽略了？还是他答对问题的次数比别人少呢？家长需要认真和孩子沟通，搞清楚这个过程究竟是怎么回事。

如果是孩子答对的次数比别人少，因此获得的小贴纸也比别人少。家长就要告诉孩子，这就是游戏的规则。如果想获得更多的小贴纸，就要答对更多的问题。无论获得的小贴纸多还是少，都不必难过，因为我们还有下次机会。我们可以多练习老师的题目，为下次获得更多小贴纸做准备。这种鼓励能帮助孩子正确对待竞争的结果。

"胜败乃兵家常事"，在孩子的一生中将要面对无数次大大小小的竞争，保持一个良好的心态非常重要，不为已经洒掉的牛奶而哭泣，积极为下一次的机会做准备。

如果是孩子和其他孩子答对的次数一样，但老师忽略了而少获得一张小贴纸，这时父母可以告诉孩子："老师不是故意的，一定是太忙而忘记把小贴纸奖励给你。"并且让孩子知道，下一次如果再碰到这样的情况，就要勇敢地站起来，提醒老师："老师，您还没奖励给我小贴纸呢！"让孩子学习自己去解决问题，主动和他人沟通，无论对方是大人还是孩子，是普通人还是权威，只要自己有充足的理由，就大声提出来。

父母要做到的是不要因为这种事而怀疑老师是不是对自己的孩子不好，是不是不喜欢、不重视自己的孩子，从而对幼儿园或者老师有所偏见和误解，更不要把自己未经证实的怀疑态度传递给孩子，让孩子对幼儿园和老师产生不公平，甚至讨厌的情绪。其实幼儿园的奖励都很微小，从老师的角度来讲，任何老师都不会拿一张小贴纸或一朵小红花来表现自己对某个孩子的偏爱或不喜欢。作为父母，首先要做到的是安抚孩子、了解真相，如果确实怀疑老师对自己的孩子存在某种不公，应该多去幼儿园，跟老师多沟通孩子的问题，同时不忘表示对老师的感谢和信任。任何老师都喜欢勤沟通、通情达理的家长。对这样家庭的孩子，老师也会在无意中增加观察，更加重视，形成和谐融洽的师生关系。

13. 孩子应该和大孩子玩，还是和小孩子玩

> 我家孩子已经5岁了，但是他总和一些两三岁的孩子一起玩，这样是不是太幼稚？他是因为不敢跟大孩子玩？怕大孩子欺负，还是玩大孩子的游戏他没有自信？我该怎么帮助他呢？

这位家长的问题很有意思。首先她认为孩子和比自己小的孩子玩是不正常的，认为自己的孩子不找大孩子玩可能是不敢，也可能是没自信，但她并没有和孩子沟通过。最后她在自己一系列臆测的问题中感觉孩子存在困难，就决定要帮助孩子了。

首先，无论和大孩子玩，还是和小孩子玩，都是没有问题的。和大孩子玩不一定就能学到很多知识和本领，小孩子也不一定什么都不会。孩子在选择自己的朋友时，通常都有自己的标准，尽管他们自己可能不会表达出来，甚至都没有意识到，但无意中做出的选择总是最适合他们自己的。

比如有一个特别聪明、专注力极强的孩子和一个年龄稍小、注意力较差的孩子在刚入幼儿园没几天就成为好朋友。家长不理解，他们怎么能玩到一块去呢？但是老师说，他们玩得非常好，因为他们虽然注意力的发展上存在很大差距，但有一个共同点，就是想象力丰富，并且都喜欢表达。因此他们在一起做想象游戏时，非常合拍。

还有一个非常安静的孩子和一个非常活泼的孩子也成为朋友，老师说，那个活泼的孩子特别喜欢保护他人，这个安静的孩子刚从别的幼儿园转来，和谁都不熟，那个活泼的孩子的友好、热情正好让刚转园过来的孩子很有安全感，所以他们很快成了好朋友。

由此可以看出，孩子们都有自己的选择，很多家长过度担心自己的孩子交友问题，并且干预孩子交友，这都是不明智的做法。

5岁是孩子社会性迅速发展的时期，这个时期他们最需要的就是伙伴。为了获得某个伙伴的友情，孩子会做很多努力与尝试。作为家长，我们不能越俎代庖，去替孩子选择伙伴，而是要做一个旁观者，当孩子跟我们提到友情的烦恼时，我们只要帮他们想办法解决，或开解和安慰他们就够了。

孩子之间就是一个小小的社会，当孩子和不同年龄的伙伴玩耍时，他们自己就会摸索出一套相处之道。尽管在这个过程中可能会存在很多疑惑，很多不解，甚至孩子经常会遇到"友谊的背叛"，但我们仍然应该鼓励他和任何年龄的孩子交朋友。

14. 为了孩子，我们到底该不该离婚呢

我的孩子5岁多了，可我和老公因为性格不合经常吵架，有时甚至大打出手。考虑到孩子还小，怕对她有不良影响，我们虽然一直战火不断，但仍然坚持生活在一起。我现在很困惑，到底离婚对孩子造成的伤害大，还是我们经久不息的吵闹、打架对孩子的负面影响大？请从孩子的角度考虑，我们是该离婚还是该保持目前的状态呢？

毫无疑问，父母离婚对孩子来说是一个重大的生活事件，对孩子也是一个沉重的打击。离婚会给孩子带来很多负面影响，这是不容置疑的。但是研究表明，如果父母双方能将离婚事件处理得当，充分重视离婚对孩子的负面影响，采取好的方式来降低影响，那么，离异家庭的孩子也并不一定会存在严重的心理问题。在这里，父母要认识到长期不断的冲突会对孩子产生持久的、有害的影响。孩子需要的是真正充满真情、充满爱的家庭，而不是那种名存实亡的家庭。

父母是孩子的第一任老师，父母之间长期的争吵、打骂，会潜移默化地影响孩子。而孩子对婚姻、家庭的认识主要是从对父母婚姻的认识开始的，虽然这种认识并不完全是有意识的，但它却影响深远。

一个从小生活在不和谐家庭中的孩子，他们感受不到父母之间的爱情，有的只是一次次的创伤体验，这会使他们今后对自己的婚姻、爱情产生消极的想法，最终可能影响到他们自己的婚姻生活。

因此，家长在是否离婚的问题上，要站在孩子的角度，给孩子一个健康、安全、温暖的环境。有时对孩子而言，把不断争吵的父母分开是一种解脱。从根本上为孩子提供他们所需要的成长环境，是任何一个负责任的父母需要考虑并要努力做到的。

当然，如果能不离婚并且和睦相处，对孩子来说是最好的选择。可能许多开始认真思考是否离婚的家庭，已经很难做到和睦相处了。但如果确实担心离婚对孩子不好，不妨尝试一些方法修补婚姻的裂痕。

有一对夫妇，争吵不断，每天都想离婚，但他们的孩子才5岁，他们都很爱孩子，都不忍心让孩子失去爸爸或妈妈的陪伴，却又对两人的关系恢复无能为力。恰好这时，丈夫因为工作需要，被派往国外工作一年。在这一年中，他很想念孩子，为了孩子，他总会给妻子打电话，了解孩子的成长，给孩子寄钱、寄礼物。而妻子也怕孩子想念爸爸，经常给丈夫打电话，让孩子和爸爸聊天、视频，每天孩子取得什么成绩，她都马上告诉丈夫。两个人共同为孩子的进步而感到欣慰，丈夫也会经常感谢妻子独自带孩子的辛苦，两个人一年天天通话，竟然没有一次吵架。经过反思，他们发现他们的争吵主要来自分工不明确的家庭琐事，以及亲戚等外人的干扰，如果排除这些干扰，他们其实很少吵架。

所以当丈夫回国后，他们明确了家庭工作中的分工，各自承担起自己擅长的事情，并且尽量拒绝亲戚提出的意见，不关注外人对他们家庭的看法，从此家庭又变得和睦美满起来，孩子自然又开启了幸福快乐的生活。

通过这个例子，我们可以看出，如果能修补好婚姻，就能让每个人都获得最大的收益，实在万不得已，双方经过冷静思考，做出正确抉择后也不忘记自己做父母的责任，不在孩子成长中缺席。父母之间最忌夫妻二人争吵不断，热战、冷战连连，让孩子在一个不安宁的环境中成长，这无疑是两败俱伤的状态。

15. 孩子做事拖拉，怎么办

我儿子5岁半了，干什么都磨磨蹭蹭，让我特别着急。早上穿衣、洗脸、刷牙，磨磨蹭蹭至少要半个小时。吃一餐饭就是大人喂饭，都要一个小时他才能慢吞吞地吃完。有同龄孩子跟他一起玩，就更没有时间观念了，到了该回家吃饭或睡觉的时候了，他却死活不肯回家。后来只能采取强制或是欺骗的行为，常常惹得孩子又哭又闹。干什么都想着玩，没一点儿时间观念。让他干他不喜欢干的事，他就一边玩一边干。比如学英语，他一边听碟一边玩游戏。喊他去做点儿什么，喊八百遍都叫不动。这孩子做事这么拖拉可怎么办啊？

5岁孩子做事拖拉是个很普遍的现象，从5岁这个年龄段的身体发展规律来分析，有以下几个原因：

第一，5岁孩子处于"和顺期"与"不和顺期"交替之时，在身体和心理上的发展都有所停滞，甚至退步。情绪不稳定，做事容易拖拉都是这个时期的典型现象。

第二，身体协调能力的发展水平达不到所从事活动对身体和动作的要求。5岁孩子的身体协调能力虽然已经大大增强，但是在做某些动作时还无法做到很流畅和自然，他们需要慢一点儿，以求更平稳。

第三，对时间缺乏直觉认知，不知道1分钟到底有多短，也不知道半小时到底有多长。虽然5岁孩子已经能够掌握成年人常用的与时间相关的词汇，已经分得清过去与将来，知道一天之中跟自己有关的事情和时间上的相互关系。不过，即使到了6岁，大部分孩子仍然不会认钟表，对于10分钟大约是多长时间没有什么感觉。因此，你如果告诉孩子，他还可以再玩20分钟就该如何如何，基本上就等于白说。7岁孩子对时间的感知有了一个飞跃。他们已能够认出时钟表盘上的时间了，而且还能说出现在是几点几分，知道一个小时有多少分钟。不过，即使如此，7岁孩子做事情依然磨磨蹭蹭。8岁时，孩子的拖拉现象才有明显改善，比以前懂得遵守时间，做事情比以前迅速得多。

第四，思维能力的发展程度决定他们不会在做事前先进行合理的时间规划和统筹。

从外部客观原因来分析：父母过多催促，干扰了孩子的思维，导致动作变得混乱，情绪变差；父母包办代替过多，导致孩子练习不够，无法达到熟能生巧；负面暗示过多，如经常说"你就是遗传了你妈妈（爸爸），做事磨蹭""你简直是世界上做事最拖拉的孩子了""你这个磨蹭的孩子，我该拿你怎么办"。反复强化，会让孩子形成心理认同并自我定性："我就是慢性子""我就是爱磨蹭"。

从内部主观原因来分析：孩子可能兴趣不高，缺乏内驱力；缺乏正确做事的技巧；注意力差，精神不集中。比如让他穿衣服，刚穿一只袖子，发现角落里有一个玩具，就不管不顾地开始玩玩具了。

下面提供一些方法来帮助孩子改善拖拉的毛病，可供父母参考：

竞赛。和孩子比赛，看谁做得又快又好，有好胜心的孩子喜欢这种方式，但未必适合所有孩子。

游戏化。比如早上孩子不喜欢穿衣服，更不喜欢洗脸、刷牙，可以扮演消防员，哨声一响，消防员赶紧穿衣、洗脸、刷牙，然后集合，要去执行任务啦。很多男孩子会对此感兴趣。

买个"沙漏"帮孩子树立起时间观念。小孩子缺乏时间观念，和对时间长度的经验，他不知道5分钟到底是多久，也不知道25分钟有多久。可以买一个代表5分钟，或代表10分钟的沙漏，孩子会从熟悉沙漏的过程中对时间有一个相对准确的直觉。

体验一次磨蹭带来的"恶果"。选择一个适当的机会，如果孩子磨蹭，警告他、提醒他，但不催促他、不帮助他，让他亲自体验和承受磨蹭带来的后果，比如迟到被老师批评，考试迟到不被批准进考场，活动迟到不允许参加。这些后果可能会让他有深刻的悔意，并对迟到有一个重新认识。

让孩子体验不磨蹭带来的"福利"。比如快快写完作业，就有多余的时间多看一本故事书；快快吃饭，就可以多玩10分钟游戏；快快收拾或整理玩具，就能获得一个小贴纸的奖励；等等。"福利"的选择根据孩子的兴趣来，尽量选择对其诱惑力大，又没有"副作用"的精神方面的"福利"。

传授给孩子一些提高速度和效率的技巧。有时孩子做事慢是因为方法不对，不得要领，所以要把做事的方法和技巧先教给孩子。比如有的孩子收拾自己的玩具柜，总也收拾不完，其实是因为顺序不对，先放了容易放的玩具，后面不容易放进去的玩具就没有空间了；又或者是不知道如何安排空间，导致总是好不容易放进去，又拿出来，以致来来回回的重复。这就需要父母先把正确的摆放顺序，如何有效利用空间的技巧教给孩子。

多做练习。会穿衣服，但是很慢；会穿袜子，但是很慢；会扣扣子，但是很慢……这些都是因为缺乏练习。正所谓熟能生巧，对孩子来说，学会一个动作很容易，但要做得速度快，却需要多次练习。父母要把每次练习的机会都还给孩子，不要因为嫌他慢，就包办代替了。

用表格帮孩子把效率视觉化。做一张表格，列上孩子做事的项目和日期，用红色、黄色、绿色代表孩子由多到少的用时。比如前天收拾玩具用了 20 分钟，昨天用了 15 分钟，今天用了 10 分钟，就依次贴上红色、黄色、绿色的小花，让孩子知道自己哪天做什么做得又快又好。

不催促，不责怪，不让孩子带着坏情绪做事。你的催促对孩子完全不起作用，越催促，孩子反倒越磨蹭，长期如此，孩子会养成既漫不经心又执拗的态度，最终恶性循环下去！

时间管理和掌控对成人来说都不容易，所以完全不必过分苛责孩子。

尊重孩子自己的节奏，改变我们自己的脚步。我们总是不经意间用我们自己的时间观念去要求孩子，反倒打乱了他自己做事的节奏。如果我们能控制好自己的脚步，试着跟随孩子的步伐，也会意外发现孩子自己也可以表现得很好。

16. 孩子偷东西，怎么办

这一段时间我总是发现儿子的书包里多了一些小玩具，问他是哪来的，他就说是老师给的，或是某个小朋友送的，但我经过跟老师沟通，发现老师并没有送他玩具，其他小朋友也反映自己的玩具丢失了，和儿子书包里多出来的玩具一摸一样。我这才明白这些玩具是儿子偷的。但是儿子的玩具非常多，并不存在想要什么总也得不到的情况，他为什么要偷别人的玩具呢？

一般来说，5岁多的孩子有偷窃的行为不算特别罕见。比如偷偷拿了小朋友的玩具回来，却告诉妈妈，是小朋友给自己的。大部分家长觉得，撒谎还可以理解和接受，但偷窃就不一样了，偷窃是犯罪，是十分严重的错误行为，必须坚决予以制止。说到制止，我们绝对赞同，一定不能让孩子养成这个习惯。但制止的方法呢？

5岁孩子出现这种现象是正常现象。当孩子的自我意识发展到一定阶段，他会有一个重大发现"有些事情我知道，而别人不知道"。为此他会觉得自豪。比如，一个5岁孩子有一段时期总喜欢问"这首歌你听过吗？""这一集你看过吗？""这个故事你听过吗？"当得到否定回答时，他就会骄傲地说"但是我听过""但是我看过"，尽管有时这并不是真的。他们不仅因为自己知道别人所不知道的而兴奋，更着迷于通过自己的行为不让别人知道。"我怎么做别人才会不知道？""我做什么，别人只能知道一点儿？"从3岁后期一直到5岁之间，孩子的小脑瓜里经常盘算着这种事情，并付诸实践，而实践的途径就是撒谎和偷窃。这是孩子探索别人心智的开始，一旦成功后他们就会感受到莫大的喜悦。

而作为父母，我们应该做什么？首先最重要的就是千万不要用道德行为去定义孩子的行为，这仅仅也必须只能是一种探索行为。如果你定义为道德行为，那就可能是用严厉的态度批评和阻止，而强烈的刺激会让孩子愈加渴望获得成功，从而采取更加隐秘的方式去偷盗，最终成为惯偷。

如果你定义为探索行为，那么你首先想到的不是制止，而是采取适当的手段去规范他的行为，进而鼓励他品尝探索成功的滋味。比如假装相信他给你的理由，等他成功后，憋不住说出真相，再带领他把东西还给别人，并对他愿意归还的行为表示欣赏。总之，不能反应过激，避免强化孩子的不良行为。